# 汉语情感词表自动构建方法及应用研究

徐 戈 著

吉林大学出版社

·长春·

**图书在版编目 (CIP)数据**

汉语情感词表自动构建方法及应用研究 / 徐戈著.—
长春 ：吉林大学出版社，2021.8
ISBN 978-7-5692-8670-0

Ⅰ．①汉… Ⅱ．①徐… Ⅲ．①现代汉语－词表－研究
Ⅳ．① H109.4

中国版本图书馆 CIP 数据核字 (2021) 第 164622 号

书　　名：汉语情感词表自动构建方法及应用研究
HANYU QINGGANCIBIAO ZIDONG GOUJIAN FANGFA JI YINGYONG YANJIU

作　者：徐 戈 著
策划编辑：邵宇彤
责任编辑：闫竞文
责任校对：张鸿鹤
装帧设计：优盛文化
出版发行：吉林大学出版社
社　　址：长春市人民大街4059号
邮政编码：130021
发行电话：0431-89580028/29/21
网　　址：http://www.jlup.com.cn
电子邮箱：jdcbs@jlu.edu.cn
印　　刷：定州启航印刷有限公司
成品尺寸：170mm×240mm　　16开
印　　张：10.25
字　　数：183千字
版　　次：2022年1月第1版
印　　次：2022年1月第1次
书　　号：ISBN 978-7-5692-8670-0
定　　价：59.00元

# 前　言

自万维网诞生以来，各种信息不断在网络上涌现，网络用户数量也与日俱增。近些年，网络内容组织方式也在逐渐地发生变化，从博客到Facebook，再到Twitter，互联网上出现了越来越多的网民表达。这些网民表达中包含大量的评价、态度、情绪等主观性观点。概括地说，网络上有很多的网民，网民有很多的观点，而这些观点扩散得很快。这种现象不得不引起个人、企业乃至政府的关注。我们需要找出这些包含观点的信息，更需要对包含观点的信息进行情感分析。

本书的研究重点有两个，分别是汉语情感词表构建和产品评论分析。对于情感分析，情感词表是非常重要的资源，而汉语情感词表资源还相对匮乏。另外，产品评论分析作为一个重要的情感分析应用也越来越受到关注。产品评论分析的工作也可以看成本书情感词表构建工作的应用和延伸。

# 目　录

# 第1章 绪 论

## 1.1 研究背景

据美国调研机构 Royal Pingdom 对 2011 年全球互联网发展状况总结显示，全球网民数量为 21 亿，其中亚洲最多，为 9.22 亿，欧洲为 4.76 亿，北美为 2.71 亿。根据《中国互联网络发展状况统计报告》，截至 2011 年 12 月底，中国网民规模突破 5 亿，达到 5.13 亿；中国手机网民规模达到 3.56 亿。

除了网络用户数量令人惊叹地增长，网络内容组织方式也在逐渐发生变化。这种变化所带来的震撼并不亚于网民数量的增长。自万维网推出以来，网络上的信息不断涌现，一些以前需要从传统媒体中查找的信息可以方便地从网络上获得。随着时间的推移，人们不再满足于将网络当作纯粹的获取信息的场所，而是希望将其作为表达平台。

1997 年出现了"博客"一词。这是一种充分个性化的网络表达工具，在其上"博主"可以发表自己的见闻和观点，访客可以留言。2004 年，Facebook 向大学生开放。信息的交流以人为节点，以好友关系为边，迅速扩散到整个网络。结合了博客和移动平台的 Twitter 出现在 2006 年，并且在短短的几年时间内风靡全球。2009 年 8 月，中国最大的门户网站新浪网推出"新浪微博"内测版，成为门户网站中第一家提供微博服务的网站，微博正式进入中文上网主流人群视野。

当人们购买商品的时候，往往要通过网络查找大家对该商品的评价，以便决定自己的购买行为。企业则对客户和潜在客户的意见尤为关注，从而指导产品的设计、服务等。政府部门对影响社会的舆论密切关注，从而选择应对措施。

传统的信息检索并不能完全满足以上各种需求。一个明显的不足之处在于，传统的检索工具是针对主题进行检索，并不能定制化地提供对某个实体的评价性信息。

在自然语言处理（Natural Language Processing，NLP）中，情感分析这个概念应运而生。情感分析的工作包括对评论的极性进行分类，提取产品的产品特征并对其评价进行分析，识别观点的发出者等。粗略地讲，凡是和文本中观点、情绪、评价等相关的自然语言处理工作都可以归入情感分析领域。自然语言处理经过多年的发展，积累了丰富的资源，可以获得各种人工标注的语料、句法分析工具、语义词典等。这些都为情感分析的开展奠定了研究基础。

目前，学术界和工业界对文本情感分析的相关问题进行了广泛和深入的研究。仅在美国就至少有 20 个公司提供情感分析服务。国际上的著名高校中基本都设立相应的研究机构和小组进行情感分析的研究。在国内，中科院、北京大学、哈尔滨工业大学、上海交大、复旦大学、厦门大学、大连理工大学、重庆大学、北京邮电大学等许多科研机构和高校都开展了情感分析的研究工作。文本情感分析的研究已经成为当前自然语言处理研究的热点。

## 1.2 本书主要研究内容

本书的研究重点有两个：一是情感词表的构建；二是产品评论的分析。在词表构建完成后，进行情感词搭配的研究工作。这部分工作可以看成连接情感词表构建和产品评论分析的环节。事实上，可以把情感词作为一种评价，把产品特征看成评价的特殊搭配，并在此基础上开展产品评论分析的有关工作。这样，从情感词表的构造过渡到产品评论分析的工作就十分自然了。

选择这两个部分作为本书的主要工作是基于这样的考虑。

（1）情感词表是情感分析的重要资源。基于高质量的词典，一些情感分析任务只需要采用简单的方法即可以获得很好的效果。对于中文而言，情感词表资源还很匮乏。

（2）采用自动的方式构建词表，充分利用语言学的知识，尽可能降低构建情感词表的人工代价。

（3）以产品评论分析作为实际的应用背景，利用已有的资源进行深入的分析，得到具有实用性的成果。

自然语言处理需要重视语言学。Wintner（2009）建议在 ACL 里设置一个语言学专委会，并呼吁语言学回归计算语言学。他认为，当代的自然语言工程里，语言学整体上是缺位的。[1]从语言学的角度出发，将语言学中的知识和计算机的方法结合起来是本书的一个基本原则。

## 1.3  研究价值

本书的研究价值主要表现在以下几个方面。

（1）提出了通过无标注语料自动对形容词和动词进行主观性度量。该方法用于产品评论分析的主客观过滤环节，在不降低性能的前提下能起到降低数据规模的作用。

（2）充分利用语言中的极性非对称性，提出了形容词极性词表的自动构建方法。该方法不仅形式简单，还具有较强的实用性。值得一提的是，该方法稍做修改能应用到 { 产品特征，观点 } 二元组的极性判定，这是其他单词极性判定方法所不具备的。

（3）通过整合多种资源，结合人工和自动的方法，构建了"喜怒哀惧惊"五个高质量的情绪词表。该词表可用于后续的情感分析任务。

（4）提出了用 Skip-Bigram 集合表达单词序列。在此基础上，给出了抽取高频和低频产品特征的方法。通过这种集合表达序列的方式，可以方便利用现有的许多机器学习算法，也便于计算序列之间的相似度，并捕捉灵活多样的产品特征或观点。

## 1.4  本书框架

第 1 章为绪论。介绍了本书的研究背景、主要研究内容、研究价值和本书框架。

第 2 章是面向自然语言处理的情感模型。介绍了情感分析中的基本概念、常见情感模型，并给出了一些笔者的理解。

第 3 章是汉语情感词表构建。分别对主观性词表、极性词表、情绪词表的构建进行了研究。

第 4 章是情感词的搭配研究，即如何对任意一个情感词找出其搭配集合。介绍了基于 Skip-Bigram 集合的搭配抽取方法，并对若干典型情感词进行了分析。这章也可以看成承上启下的部分，用以联系情感词表的构建（第 3 章）和后续的产品评论分析（第 5 章）。

　　第 5 章是产品评论分析，其中应用到了情感词表构建和情感词搭配研究的工作。这章依次包含产品特征的抽取、产品特征的评级、{ 产品特征 , 观点 } 二元组极性判定和产品特征聚类。其中，产品特征的抽取和 { 产品特征 , 观点 } 二元组极性判定是这章的重点。

　　第 6 章是总结及未来的工作。

# 第 2 章　面向自然语言处理的情感模型

本章首先介绍了情感分析中的基本概念，如极性、主观性等，对这些概念进行了辨析。其次，对自然语言处理中常见情感模型做了介绍。再次，基于已有情感模型，笔者对情感模型中涉及的一些关键问题进行了探讨，并给出了一个简单的情感分类参考。最后，对中文情感处理的一些特点做了分析。

## 2.1　基本概念

### 2.1.1　情感分析

在该领域发展初期，"情感分析"并没有统一的定义，即便是现阶段仍然存在一些界定不明晰的概念。对于"情感分析"这个术语，英语中现在比较常用的称谓是 Sentiment Analysis 或者 Opinion Mining，在一些场合也常使用 Review Mining、Appraisal Extraction、Affective Computing。情感分析是对描述非事实（non-factual）的主观性表述（subjective expressions）的分析，包括个人、群体、组织的观点（opinion）、情绪（emotion）和态度（attitude）等主观性元素。

### 2.1.2　主观性

在自然语言处理（Natural Language Processing，简写为 NLP）领域中，主观性（subjectivity）包括观点、情绪、评价、推测等。[2] 主观性的一个同义词是私有状态（private state）。所谓私有状态，就是人所具有的无法被客观观测和检验的心理状态，如信仰、预测、评价、观点、感情等。与主观性对应的是客观性（objectivity），不含主观性的句子、短语、单词等具有客观性。

主观性中有一类特殊的概念是中性主观性。这类概念往往和认知、意愿相关。就单词而言，"希望""认为"等都属于这个范畴。Ortony 和 Turner（1990）对"惊讶"这个中性主观概念进行过辨析，认为它是一个和"高兴""悲伤"不同的概念。因为"惊讶"并没有一个和它对应的相反的极性词，"不惊讶"只是回到了常态，而"高兴"和"悲伤"则处于同一个概念范畴的两端。[3]

如果以是否能够被客观验证作为主观性程度的依据，那么主观性也可以进行分级。其中，内部精神活动主观性最强，如情绪、欲望等。其次是评价。评价掺杂了主观性，但是由于被评价的对象也能够被其他主体所认知，因此被客观验证的可能性比内部精神活动要大一些，从而主观性相对低一个层次。比如，"漂亮"取决于每个人的审美，不同的人对相同对象的评价可能会有差异，但是总体而言仍然能得到一个较为公认的评价。主观性最弱的是一些具体的对象、行为和客观的描述等。这些概念很容易被验证，如"桌子""吃饭""白色"等。

### 2.1.3 极性

自然语言处理中，情感分析的工作主要是围绕着极性展开的。粗略地说，极性（polarity，有的场合也叫作 semantic orientation）的概念相当于常说的褒贬。因此，说到极性，人们会把极性分为正极性或负极性。比如，"美丽""聪明""正义"是正极性单词，而"丑陋""愚蠢""邪恶"是负极性单词。

极性中有一对常见的概念是"上下文极性"和"先验极性"。前一段中给出的六个单词具有先验极性，因为只需要看单词本身就能知道语义的正负极性（也即褒贬）。有一些概念，往往需要上下文确定其极性。比如"大胆"这个词，如果出现在警察对闯红灯司机的警告中则是负极性词，而如果出现在描写成功创业者的惊心动魄的选择中则往往是正极性的。

上下文极性的判定需要找出充分的上下文。比如，"高"单独来看无法获得其极性，但是"血压高"是负极性的，而"工资高"通常应该是正极性的。此处的"血压""工资"就是上下文。有的时候需要更大范围的上下文。比如，对于一般的员工而言，"工资高"是正极性的，而对于工厂老板而言是负极性的。

上下文极性和中性主观性也是有区别的。以单词为例，上下文极性在确定其最终极性后，必然处于概念范畴的某一端。中性主观性并没有正负的概念，仅仅说明这个概念具有主观性。比如，对单词"大"而言，尽管它应该是某个极性（正 / 负），但是单独来看难以确定。如果说"损失大"则其极性为负，而如果是"收益大"则极性为正。对于"吃惊"，不管是出现在正极性的语境还是负极性的语境，"吃惊"仅仅是吃惊，正负极性语义由其他的语言单位承担。

需要注意的是，极性并不是主观性的子概念，因为存在着一些具有极性的客观概念。Pang 和 Lee（2008）指出极性和主观性可以无关。[4] 比如，"股票价格上升"是客观事实，但是和正极性相关联；"病人死亡"同样是一个客观消息，却往往被看成负极性的。也就是说，在客观语义中，可以存在极性。因此，客观性的极性分析也可以纳入情感分析之中。这个问题和读者情绪紧密相连。在文献 [5, 6, 7, 8] 中，作者将文本中的情绪称为作者情绪（writer emotion），而将通过文本所引起的情绪称为读者情绪（reader emotion），并进行了相关的实验分析。读者情感往往是对一些事件的情绪反应，而这些事件通常属于客观描述。

极性的确定依赖人的精神体验、社会规范等众多因素，是个十分复杂的问题。

## 2.1.4 情绪

情绪（emotion）是主观性的子概念，常见的情绪有"喜、怒、哀、惧"等。可以对情绪极性进行分类，比如，"喜"是正极性概念，而"怒""哀""焦虑"等是负极性概念。

需要注意的是，情绪不同于生理体验。像"饿""渴"等概念是生理体验，虽然它们往往和情绪关联，但是本身并非情绪。

另一个问题是关于情绪的分类。在文献 [9] 中，作者将情绪分为九种，分别是"怒""厌""惧""内疚""兴趣""喜""哀""耻"和"惊"。除此之外，常说的七情也是一种基本情绪的划分。对基本情绪的划分还有很多，这里不再一一列举，但都涉及两个问题：

（1）所列举的情绪是否是基本的，不可再细分？

（2）所列举的情绪是否是完备的，即任一情绪都能够由基本情绪复合得到？

对此，Ortony 和 Turner（1990）进行了分析，指出这种基本情绪的枚举并非合理，认为对于情绪的划分需要更深入地分析。[3]

关于具体情绪的定义并不是笔者的主要关注点。这涉及心理学、认知等多门学科，而一些情绪概念的界定也存在着不同的观点，是一个非常复杂的问题。

### 2.1.5　观点

观点（opinion）是一个更为宽泛的概念，有时将情感分析和观点挖掘混用，但一般而言，提到观点，就需要明确三个部分，即观点持有者（holder）、观点针对的对象（target）和观点的内容（评价、态度等）。其中，观点的持有者一般为人或者机构；观点的内容往往是评价、态度等，不严格的话也可以是情绪等其他主观性概念；观点针对的对象种类更加丰富，可以是人、物、事，甚至其他的观点。

与观点有关的情感分析工作包括判断观点的极性、抽取观点中的元素（holder，target）。从目前的实验情况来看，提取观点的对象（target）相对而言是一个比较困难的任务。

观点持有者对判断极性非常重要性。比如：

邻居失窃了，他却幸灾乐祸。

这句话的极性完全取决于对于观点持有者的选择。如果观点持有者确定为"他"，那么这个句子应该是正极性的，毕竟"幸灾乐祸"也是"高兴"的一种。如果把观点持有者确定为"读者"，则通常这个句子的极性是负的。

### 2.1.6　否定

"我喜欢这本书"和"我不喜欢这本书"的词袋（bag of words）表示是很相似的，在大多数常用的相似度测量中这两句话被认为语义非常接近。唯一差别来自否定项，否定使两个句子分属相反的极性类别。否定的出现让情感分析变得更加复杂。以下是由于否定引发的处理困难的一些例子。

（1）不是所有的显式否定词都改变句子的极性。比如，"不奇怪这被认为是最好的一个"中，把"不"附着在"最好"上是不正确的。因为此时"不"修饰的是"奇怪"。

（2）否定常常以相当微妙的方法表达出来。例如，"它避免了好莱坞电影中所有的俗套和可预见性"。

（3）一些相当于否定的感情取消词。例如，"如果他考上大学，那么家里人就会很高兴"中虽然出现了典型的情感词"高兴"，但由于这是一个条件句，情感实际上并非客观存在。

（4）双重否定。一个有趣的情况是"差点没"。例如，"差点没考上大学"是"考上了大学"，而"差点没摔倒"是"没有摔倒"。此处的"差点"和"没"都可以看成否定词，然而在不同的环境下产生不一样的组合效果。更进一步说，"差点没"是否表达否定需要看后接成分是否为所期待的事件。

（5）否定的非对称性。"不高兴"可以看成"不"将正极性的词变成了负极性的，而"不难过"中的"不"没有这样的功能，因为"不难过"通常只是表达一种中间态，并不是一个正极性的概念。

"否定"问题还可以被进一步地一般化为极性偏移（polarity shift）问题，在语言学和情感分析领域已经有一些相关的研究工作。[10-12]

## 2.2 情感模型的研究现状

### 2.2.1 基本情绪的分类

情绪①（emotion）是情感（sentiment）中的一类。自古以来，中国就有"七情"的说法，这是一种简单的情绪分类体系。本节介绍几种常见的基本情绪体系。

1. Robert Plutchik 的框架

在该框架中，有基本情绪（basic emotion）和高级情绪（advanced emotion）两大类。高级情绪由基本情绪复合而成。另外，情绪总是成对出现，如表 2-1 和表 2-2 所示。

表 2-1 基本情绪

| 喜（joy） | 哀（sadness） |
|---|---|
| 信（trust） | 恶（disgust） |
| 惧（fear） | 怒（anger） |
| 惊（surprise） | 预期（anticipation） |

表 2-2 高级情绪

| 乐观（optimism）：预期和喜 | 失望（disappointment）：惊和哀 |
|---|---|
| 爱（love）：喜和信 | 悔（remorse）：哀和厌 |
| 屈服（submission）：信和惧 | 鄙视（contempt）：厌和怒 |
| 惊惧（awe）：惧和惊 | 进攻性（aggressiveness）：怒和预期 |

---

① 本书区分情绪和情感。情感的概念更加广，包括情绪、评价、欲望等。

9

此分类中，将"惧"和"怒"作为相反的情绪，并不符合普遍的认识。另外，将"爱"解释为"信任"和"高兴"又过于简单。通常，"爱"里面还包含着"评价""欲望"等。

2. 许小颖的情感分类

许小颖等人（2003）在文献[13]中给出三类词表，分别是情感词[①]（emotion）、态度词和品性词，详见表2-3。其中，基于心理感受的情感词共有390个，分为24类，前23类都有四个以上的词来表达相近的情感，而"其他"一类中的15个词实际上表达了15种不同的情感，也可分别单列出来。

表2-3 许小颖的情感分类

| 编号 | 类别 | 词语数量 | 例词 |
|---|---|---|---|
| 1 | 喜，乐 | 45 | 称心、痛快、得意、欣慰、高兴 |
| 2 | 爱 | 44 | 关怀、偏爱、珍爱、珍惜、神往 |
| 3 | 愁，闷 | 31 | 窝心、沉闷、憋气、郁悒、不悦 |
| 4 | 悲 | 28 | 苦、哀怨、悲恸、悲痛、哀伤 |
| 5 | 慌 | 21 | 吓人、畏怯、紧张、惶恐、慌张 |
| 6 | 敬 | 20 | 推崇、尊敬、拥护、倚重、崇尚 |
| 7 | 激动 | 17 | 来劲、炽烈、炽热、冲动、狂热 |
| 8 | 羞，疚 | 17 | 羞涩、羞怯、羞惭、负疚、窘 |
| 9 | 烦 | 15 | 烦躁、烦、熬心、糟心 |
| 10 | 急 | 14 | 急、浮躁、焦虑、焦渴、焦急 |
| 11 | 傲 | 12 | 自傲、骄横、骄慢、骄矜、骄傲 |
| 12 | 吃惊 | 12 | 诧异、吃惊、惊疑、愕然、惊讶 |
| 13 | 怒 | 12 | 愤怒、愤恨、激愤、生气、愤懑 |
| 14 | 失望 | 12 | 失望、绝望、灰心、丧气、低落 |
| 15 | 安心 | 11 | 安宁、娴雅、逍遥、闲适、怡和 |
| 16 | 恨（恶） | 11 | 看不惯、痛恨、厌恶、恼恨、反对 |
| 17 | 嫉 | 7 | 妒忌、嫉妒、嫉恨、眼红 |
| 18 | 蔑视 | 7 | 蔑视、瞧不起、怠慢、轻蔑、鄙夷 |

---

① 本小节中的"情感"在本书的其他章节称"情绪"，此处采用许小颖在自己文章中的用法。

| 编　号 | 类　别 | 词语数量 | 例　词 |
|---|---|---|---|
| 19 | 悔 | 6 | 后悔、懊恼、懊悔、悔恨 |
| 20 | 委屈 | 5 | 委屈、冤、冤枉、无辜 |
| 21 | 谅 | 4 | 体谅、理解、了解、体贴 |
| 22 | 信 | 4 | 信任、信赖、相信、信服 |
| 23 | 疑 | 4 | 过敏、怀疑、疑心、疑惑 |
| 24 | 其他 | 15 | 缠绵、自卑、自爱、反感、感慨、动摇、销魂、痒痒、为难、解恨、迟疑、多情、充实、寂寞、遗憾 |

此外，笔者还给出了态度词和品性词。其中，品性词相当于对人的评价词。

3. 大连理工的情感本体库

由大连理工大学构建的情感词典本体库是目前规模最大的中文情感词典资源 [14]，只是该资源并未公开。根据有关论文中给出的实例单词（表 2-4），发现该词典本体库中涉及情感概念范围较广。比如，在"乐"中收录了"笑眯眯"，这显然是不区分情感的表达和情感本身的结果。这也从某种程度上解释了该词汇本体库的规模。

表 2-4　大连理工大学的情感词典

| 编　号 | 情感大类 | 情感小类 | 例　词 | 数量 / 个 |
|---|---|---|---|---|
| 1 | 乐 | 快乐 | 喜悦、欢喜、笑眯眯、欢天喜地 | 840 |
| 2 | | 安心 | 踏实、宽心、定心丸、问心无愧 | 234 |
| 3 | | 好 | 尊敬、恭敬、敬爱、毕恭毕敬、肃然起敬 | 451 |
| 4 | | 赞扬 | 英俊、优秀、通情达理、实事求是 | 5 602 |
| 5 | | 相信 | 信任、信赖、可靠、毋庸置疑 | 204 |
| 6 | | 喜爱 | 倾慕、宝贝、一见钟情、爱不释手 | 765 |
| 7 | 怒 | 愤怒 | 气愤、恼火、大发雷霆、七窍生烟 | 264 |
| 8 | 哀 | 悲伤 | 忧伤、悲苦、心如刀割、悲痛欲绝 | 659 |
| 9 | | 失望 | 憾事、绝望、灰心丧气、心灰意冷 | 243 |
| 10 | | 疚 | 内疚、忏悔、过意不去、问心有愧 | 85 |
| 11 | | 思 | 相思、思念、牵肠挂肚、朝思暮想 | 127 |

| 编 号 | 情感大类 | 情感小类 | 例 词 | 数量 / 个 |
|---|---|---|---|---|
| 12 | | 慌 | 慌张、心慌、不知所措、手忙脚乱 | 202 |
| 13 | | 恐惧 | 胆怯、害怕、担惊受怕、胆战心惊 | 338 |
| 14 | | 羞 | 害羞、害臊、面红耳赤、无地自容 | 74 |
| 15 | 恶 | 烦闷 | 憋闷、烦躁、心烦意乱、自寻烦恼 | 712 |
| 16 | | 憎恶 | 反感、可耻、恨之入骨、深恶痛绝 | 1 086 |
| 17 | | 贬责 | 呆板、虚荣、杂乱无章、心狠手辣 | 5 025 |
| 18 | | 妒忌 | 眼红、吃醋、醋坛子、嫉贤妒能 | 44 |
| 19 | | 怀疑 | 多心、生疑、将信将疑、疑神疑鬼 | 67 |
| 20 | 惊 | 惊奇 | 奇怪、奇迹、大吃一惊 | 134 |

此外，本体库中的一些分类有待商榷。比如，情感小类"相信"出现在情感大类"乐"中，情感小类"怀疑"出现在情感大类"恶"的类别中。按照笔者的理解，"相信""怀疑"属于认知的概念，不应该归入"乐"或者"恶"的范畴。还有，"烦闷"是一种情绪（emotion），但是被划分在态度"恶"这一类。

除以上介绍的三种情绪模型外，还有一些情绪分类体系。比如，我国心理学家林传鼎将人的情感归纳为安静、喜悦等 18 类。[15]

## 2.2.2 Ortony 情感词典模型

Ortony 等人（1987）提出了一个情感模型。该模型将精神的状态分成三大类，分别是以情感为中心（affect-focal）、以行为为中心（behaviour-focal）和以认知为中心（cognition-focal）。[16] 该模型的特点是并没有对基本情绪进行枚举，而是将基本情绪的定义留到实际的应用中，所给出的情感模型是一种一般化的结构。这种思路影响到了后续的很多情感分析工作，如 WordNet-Affect 等。本书中对情感分类体系的理解也受 Ortony 的情感模型影响。

## 2.2.3 Janyce Wiebe 等人的主观性概念框架

在文献 [17-18] 中，作者给出了四种概念表示框架：两种私有状态框架（直接主观框架和表达主观元素框架）、一个客观言语事件框架、一个代理人（agent）框架。下面分别介绍两种私有状态框架。

私有状态（private state）可以直接表达，如句子 "Democrats also have doubts about Miers' suitability for the high court." 中的 have doubts。

私有状态也可以在言语事件中表达，而言语事件是指"说"或者"写"。比如句子"Miers' nomination was criticized from people all over the political spectrum."中的 was criticized 和句子"She（Miers）will be a breath of fresh air for the Supreme Court", LaBoon said. 中的 said。

以上例子说明，有的言语事件单词直接包含主观性（criticized），而有的（said）则是中性的，需要看所表达的语句内容。

表达性主观元素（an expressive subjective element）是通过某种措辞以间接的方式来表达私有状态。比如，上文句子中的"a breath of fresh air"就是一种间接表达。私有状态也可以通过私有状态行为来表达[19]，如"叹息""（生气）跺脚""笑""皱眉头""鼓掌"等都是私有状态行为的例子。

其实，"直接主观框架"是说句子中出现了情感词。情感词可以是情感（怀疑），可以是行为（批评），也可以是情感结果（叹息）。与之对照，"表达性主观元素框架"则是不出现情感词的情感隐含表达。比如，"她就像春天的阳光"之类。

笔者将私有状态的直接表达、私有状态言语事件和私有状态行为统称为直接主观框架（direct subjective frame）。对于直接主观框架而言，其属性包括如下几部分。

（1）text anchor：用以表示私有状态的直接表达、私有状态言语事件和私有状态行为的文本片段。

（2）source：表达或者经历这种私有状态的人或者实体，有可能是文字作者。

（3）target：私有状态所针对的目标或者主题。

properties：

– intensity：私有状态的强度，分低、中、高和极度。

– expression intensity：言语行为或者私有状态表达本身对于私有状态整体密度的贡献，分中性、低、中、高、极度，指言语事件的强度。①

– implicit：如果框架表达一个蕴含的言语事件，则为真。

– insubstantial：如果私有状态或者言语行为在整个对话中是非实质性的，则为真。比如，条件句中的私有状态，此属性为真。

– attitude type: 私有状态的极性。分为正、负、其他，或者无。

_____

① 比如，在"我强烈感到有点意外"中，言语（"强烈认为"）的强度为"高"，而私有状态（"有点意外"）的强度则为"低"。

表达性主观元素框架（expressive subjective element frames）是间接的表达框架，包括 text anchor、source intensity 和 attitude type 等，相当于直接主观框架的子集。

Wilson（2008）对私有状态的概念框架表达进行了扩展，定义了更为细粒度的态度类型，以便更好地表达态度（attitude）和其目标（target）。[18]

在以前的框架中，态度①实际上只是正、负、其他、无四个类别中的一个标记。因此，无法将一个私有状态与多个态度和目标进行关联。在新的表达中，态度和目标被概念化成标注框架，其中目标框架链接到态度框架，而态度框架链接到私有状态框架。

对该模型中的各个概念理解如下。

（1）情感（sentiment）：是正或负的情绪（emotion）、评价（evaluation）和立场（stance）。

（2）同意（agreement）：指一个人是否同意某个陈述、观点或者行为。常见的指示词如承认、同意、允许等。

（3）辩论（arguing）：指一个人对某个事情的辩护或者反驳。辩论针对某个事情是否正确而言。一般是指从人类规范（道德、法律、习俗等）的层面来讲。同意是指对某个事情的许可，是权利的使用。

（4）推测（speculation）：某个事情是正确的。但是与辩论不同。推测往往从科学认知的层面上来讲，而非从人类规范的意义上。

（5）欲望（intention）：欲望是一个很基本的成分，出现在其他许多主观概念中。比如，"喜欢"这个概念就包含着想与之在一起，愿意为之付出等意愿；"思念""愤怒""支持"中都包含着欲望的元素。

（6）其他态度（other attitudes）：不能归入以上态度类型的。所列举的例子是"the surprise"和"not sure"。但就这两个例子来看，这实际上属于Ortony情感模型中以认知为中心（cognition-focal）的精神状态。

需要说明的是，同意（agreement）中可能还包含着欲望（intention），也可能包含着推测（speculation）。比如，"我同意此事"可能蕴含着"我希望此事能够带来好的结果"，以及"我认为此事是合理的"等。此外，"同意""辩论""推测"和"其他态度"都和认知相关联，似乎应该做更为清晰的分类。

---

① 态度这个词在文献[18]中显然具有更宽泛的含义，包括情绪、评价、意愿、认知等。实际上等同于主观性（subjectivity）或私有状态（private state）。

### 2.2.4　WordNet-Affect 框架

Strapparava 和 Valitutti（2004）构造了 WordNet-Affect 框架，该情感资源是对 WordNet 在情感方面的扩展 [20]，所标注的单元是同义词集（synset）。笔者认为单词不能够确定其情感标记（A-Labels），必须针对概念添加情感标记。WordNet-Affect 由两个阶段完成，先通过人工完成的初始资源（AFFECT）来识别情感 synset 的核心（core），然后利用 WordNet 中定义的关系来对这个核心进行扩展。该工作受到了 Ortony 工作的影响。比如，单独把认知状态（cognitive state）作为一类，将生理体验（physical state）和情绪（emotion）进行区别。

## 2.3　对情感分类的理解

本节主要给出一些笔者对情感分类体系的理解。很多任务中，如何进行情感的界定和理解会对实验结果产生巨大的影响。

### 2.3.1　有关情感分类体系的一些问题

本小节给出笔者对情感分类的一些理解，其中一些问题的回应和思考有助于更合理地评价现有的情感分类体系。

（1）什么是认知？认知主要指人们的注意、记忆、思考、相信、理解等头脑中的信息处理活动。比如，"确定无疑的"（certain）被认为是认知的概念，因为它体现了"相信"这个认知活动。一般理解，情绪、评价和认知有着紧密的联系，但有所不同。在本书中，认知包括诸如"理解""认为""吃惊"等非情绪、评价、欲望或生理感受的主观概念。

（2）极性针对的对象可以是单词、概念、短语和句子等。在 WordNet-Affect 中，作者针对一个概念进行情感分类；在 Janyce Wiebe 的主观性框架中，作者标注的对象是句子。在本书中，一个主要的工作是情感词典的构建，因此通常极性单位是单词（在某些情况下可以是单词的序列）。需要指出的是，一个单词不一定只有一个极性。"悲喜交加"既有正的情感也有负的情感。此外，由于单词往往有多种语义，因此一个单词有可能出现在多个情感分类中。比如，"舒服"既可以指身体上的感受，也可以指由于某种事件而引起的心理体验。

（3）情感的细分是一个非常复杂的问题。本书并不涉及许多引起争论的问题。比如，对于如何划分情绪（emotion）就存在着相当多的方案。古代的"七情"说，我国心理学家林传鼎将情绪划分为18类，Plutchik给出了8种基本的情绪，等等。Ortony和Turner并不主张这样进行基本情感的分类[3]，并提出了自己的情感模型。此外，对于评价（evaluation）显然也可以继续细分，如对于人的评价、对于物的评价等。虽然笔者在研究工作中也会关注到这些细分的类别，但如何进行界定并不是本书工作重点所在。

（4）区分情感的起因和情感本身。比如，在WordNet-Affect中明确地将情感的起因（emotion-eliciting situation）单独提取出来，这样就能够清晰地将"灾难""困境"和"悲伤"区分开来。本书也采用这种考虑。这种区分是进行event-emotion关联分析的基础。

（5）区分情感的响应和情感本身。情感的响应是指由于情感而导致的行为。比如，通常"悲伤"导致"哭泣"，而"高兴"导致"微笑"。显然，"哭泣"和"微笑"都是具体外在行为，和心理活动有显著的区别，将其混为一谈是不合适的。在WordNet-Affect中，这种由于情感而导致的行为被称为情感的响应（emotional response）。本书也采用这种考虑。

（6）区分生理感受和情绪。一般而言，情绪往往由于某个外部事件通过认知而引起。"饥饿""渴""累""困"等生理感受往往不是与认知相关。这种划分参考了Ortony的情感模型。在笔者构建情绪词表的时候，这种划分起到了指导人工标注的作用。

（7）欲望作为一个单独的情感类别。在Janyce Wiebe的主观性概念框架中，欲望（desire）被作为一个情感类别。欲望是基本的情感元素。比如，"思念""拒绝""喜欢"中都包含着欲望的成分，因此将其单独列出来是合适的。这也是笔者在构建情感分类参考时采用的一般性原则：把基础的概念抽取出来，而对于如何用这些基础的概念来进一步定义复杂的概念留待具体的应用中解决。

（8）极性不是主观性的子集。这个现象在Pang和Lee的情感分析综述中也有提及[4]，客观的行为或对象也可以和极性发生关系。比如，"跌倒""股票价格上升""死亡"等和负极性紧密相关。"升职""股票价格上升""拥抱"等和正极性相关。"鲜花""垃圾"等客观对象也能够引发极性。

（9）区分基本情感概念和混合情感概念。在本书的情感分类参考中，基本情感概念包括情绪、欲望、认知等。常见的混合情感概念是态度。比如，"支持"是一种态度，其中包含着人的判断（属于认知或评价的范畴）、人的欲望等元素。

16

（10）什么是中性主观词？它们体现了主观的精神活动，但是并不能推断出所谓正负（或者说"好坏"）的极性。中性主观词中的动词有"希望""想""了解""知道"；形容词有"吃惊""一样""相似""独特""普通""罕见"等。这些词可以用在极性的环境中，但是通常由其他的语言单位承担极性的表达。

（11）中性主观词和客观词的区别。在中文里面，客观词往往无法接受程度副词的修饰，如"非常吃饭""非常白色"是错误的用法。中性的主观词仍然可以接受程度副词的修饰，如"非常吃惊""很平常"等。另外一个区分的标准就是考察能够被验证的难度。对于前面的例子而言，对于一个物体是否是"白色"的验证难度远小于判断一个人是否"吃惊"。

（12）对于情绪（emotion），Ortony 认为必须是 affectively valenced，即情绪没有中性的。也就是说，任意一个情绪必然处于一个轴的某端，轴的中心是所谓的常态，无须表达。依照这种观点，"吃惊"并不是一个情绪，因为并没有一个与之对应的处于另一端的情绪。这样，许多中性的主观词往往都被划为认知的范畴。

（13）上下文极性。所谓上下文极性，是指一个语言单位在上下文中体现出来的极性，可以是正、负、中三种极性中的一种。对于一个语言单位而言，附加上下文后总可以得到其上下文极性。这个上下文极性可以和原来没有上下文时候的极性相同，也可以不同。比如，"他从来都用别人的洗发水，真是聪明啊！"中，在没有上下文的情况下，"聪明"一般是正极性的，而在这个句子中，"聪明"的极性实际上变成了负的。任何的语言单位只要处于某个上下文中（甚至不一定是文本，场景、社会、历史阶段都可以看成广义的上下文），都可以获得一个新的上下文极性。

（14）情感强度（intensity）。情感强度从特征上看可以描述为两个方面：一是情感的强弱（strength）或称量级（magnitude）；二是情感的时间结构，即情感的持续性（duration）。在本书中，暂不考虑这个问题。

## 2.3.2　一个简单的情感分类参考标准

笔者在 2.2.2、2.2.3、2.2.4 等小节中分别对 Ortony 的情绪模型、Janyce Wiebe 等人的主观性的概念框架、WordNet-Affect 分类体系做了介绍。然而，对于本书中汉语情感词表构建工作，这三种模型还是存在着一些不适用之处。

Ortony 的情绪模型是一个情感词典模型，但是在其被提出的时候，自然语言处理中的情感分析问题还没有清晰地形成，因此一些有关极性的概念并没有被考虑进来。

WordNet-Affect 受到 Ortony 工作的影响，将其应用到 WordNet 词典上进行了情感分类。与 Ortony 的情感模型类似，WordNet-Affect 同样没有深入考虑极性的问题。此外，其概念的划分存在着一些冗余。比如，态度（attitude）和认知状态（cognitive state）实际上存在着重叠。态度（attitude）是一个更加复杂的概念，可能包含认知状态、情绪、欲望等多种主观性的元素。

Janyce Wiebe 等人的主观性概念框架是针对自然语言处理中的情感分析领域提出的。比如，该模型提出了情感源头（source）的概念，用来指定某个情感的持有者，从而能够对主观性的文本进行更为细致和准确的分析。此外，该模型也对上下文极性、先验极性、情绪（emotion）、欲望（desire）等概念进行了界定，然而也存在着一些问题。比如，该情感分类体系将"the surprise"和"not sure"划分到"other attitude"一类。但就这两个例子来看，实际上属于 Ortony 情感模型中以认知为中心（cognition-focal）的精神状态，也就是 WordNet-Affect 体系中的认知状态（cognitive state）。认知对情感分类体系而言是一个重要的部分，而 Janyce Wiebe 等人的体系中并没有对其进行划分。

如前所述，本书的工作主要包括两个方面：其一是情感词表的构建，包括主观性词表、极性词表和情绪词表；其二是产品评论的分析。笔者希望能有一个情感分类参考对这些词表的构建起到指导作用，无论是在人工标注还是自动处理中，都能够对概念有清晰的界定。对于产品评论分析而言，分清情绪（emotion）、评价（evaluation）、上下文极性、先验极性、中性等概念对系统的设计和实施也是十分必要的。

针对汉语情感词表构建工作，参考已有的情感分类模型和对 2.3.1 节中问题的理解，本书给出了一个简单的情感分类参考，如表 2-5 所示。提出该情感分类参考的目的是将情感分析中基本的概念剥离出来，如认知、欲望、情绪等。对于某个具体的概念，可以用这些基本的要素来进行组合刻画，而究竟如何组合刻画并不是本书关注的主要任务。虽然笔者的情感分类参考中采用单词进行举例，但要指出的是这是对概念分类，而不是对单词分类。本情感分类参考中给出一些例子，以便在具体的情感分析任务中（如情感词表自动构建、情感人工标注）参考。

表 2-5　基本情感概念

| | | 极　性 | | |
|---|---|---|---|---|
| | 子类 | 正 | 负 | 中 |
| 基本主观性 | 情绪 | 高兴、轻松 | 愤怒、悲伤 | |
| | 欲望 | | | 思念、想、希望、期待 |
| | 认知 | 相信、清楚、理解、明白 | 怀疑、困惑、不解 | 吃惊、认为、看上去、显眼、相同、常见、空前、出名 |
| | 评价 | 聪明、结实、热情、和睦、正义 | 愚蠢、垃圾、嘈杂、残酷 | 一般、普通、尚可、过得去 |
| | 生理感受 | 饱、暖、柔软、悦耳 | 饿、渴、困、累、晕眩 | |
| 客观性 | 实体行为 | 兔子、珍珠、搀扶、微笑 | 蟑螂、毒蛇、打架、斗殴、跌倒 | 汽车、桌子、吃饭、睡觉 |
| | …… | …… | …… | …… |

对于表 2-5 解释如下。

（1）极性分正、负、中三类。大多数情况下，主要考虑正、负两种极性。

（2）客观的实体和行为本身不是主观词，但也会产生正负中等极性。这是因为极性是人在一定的社会规范等条件下的判别，因此对某些行为或者实体，有时会引起特定的极性。客观性的细分并非本书重点，因此划分并不完整，可以留到具体问题中再进行界定。

（3）有一类单词并没有出现在表 2-5 中，它们是类似“大”“小”“多”“少”“大胆”的单词。这类单词和中性词有所不同。就单词本身而言，它们具有正或者负的极性，但是脱离上下文很难做出判断。所以，并不把它们看成中性，而是一种极性暂时未知的极性词。根据具体的上下文，其上下文极性可以是正、负，甚至是中。

（4）基本主观性包括情绪、认知、评价、欲望、生理感受。需要指出，主观概念还包括那些包含基本主观性的混合情感概念。

（5）对于情绪而言只有正和负，没有中性。因为无情绪的状态是不需要刻画的，所谓“习焉不察”。

（6）欲望是单独的一类主观概念，只有中性。

（7）在认知的类别中，主要包括一些思维相关的概念，但是不是情绪、评价、欲望或生理感受。注意到，虽然大部分认知相关的概念是中性的，一些认知概念也可以赋予正或负极性，如“明白”为正，“怀疑”为负。

（8）评价的极性有三种，分别是正、负、中；评价的对象可以是关系（和睦）、人（聪明）、物（漂亮）、行为（残忍）、环境（喧嚣）等。

（9）生理感受和情绪接近，没有中性。但是一般生理感受没有认知的环节，往往无法找到一个认知活动引发这种感受。

应该注意到，很多情感概念是基本情感概念的组合，可以通过基本情感概念进行分析和解释（表2-6）。

表2-6　混合情感概念

| 分　类 | 正 | 负 | 中 |
|---|---|---|---|
| 态度 | 喜欢、支持 | 反对、恨、讨厌 | 弃权、围观、观望 |
| 主观行为 | 欢呼、表扬、称赞、喜爱 | 拒绝、宰割、责骂、谴责、迫害 | 惊闻 |
| 主观对象 | 好友、盛宴、乐土 | 敌人、灾难、祸害 | |
| 情感组合 | 愤恨、惊喜、惊叹、悲喜、爱恨交加 | | |
| …… | …… | …… | …… |

对于表2-6解释如下。

（1）态度可以是欲望、认知、情绪、行为等的混合。比如，"观望"可以包含如下的元素：①对目前的情况还有些困惑、不理解，这属于认知的范畴；②不想采取行动，以免出现不利局面，这属于欲望的范畴。"讨厌"则可以解释为，认为某人某个品质很差，这属于评价的范畴；不想和这个人相处、一起工作等，这属于欲望的范畴；和这个人在一起，甚至一提起这个人，就产生负面的心理体验，这属于情绪的范畴。

（2）主观行为包含了情感和具体的行为。比如，"表扬"可以解释为，认为被表扬的人在某方面出色，这属于评价的范畴；表扬是一个言语行为或者奖励行为，这是具体的行为。"责骂"可以解释为言语行为或对被责骂对象的愤怒不满等情绪。

（3）主观对象则包含了情感和具体的对象。比如，"好友"指朋友，其中又包含着正极性的评价。"敌人"指对手，包含着"仇视"的态度，或者说"愤怒"的情绪。

（4）情感组合是多种情感的组合，如"愤恨""悲喜""爱恨"等。

（5）还有其他的一些复杂情感概念，不再一一列出。但是，只要通过基本情感概念，总能够对其进行分析和解释。

### 2.3.3　中文情感分析的特点

和英语相比，中文情感分析有着自己的特点，其中最重要的两点：①尽管文本分析中的基本单位是词，但是由于汉字本身具有情感，通过对汉字的情感分析，能够辅助对单词的情感分析；②程度副词在中文里的使用非常普遍且形式简单，便于使用自动的方法来判定主观性或者极性等。

1. 汉字的情感

一个中文单词通常由一个或者多个汉字构成。由于汉字经常充当独立的语义成分，而主观性可以看成语义的一部分，从而汉字本身也可以携带主观性。因此，笔者希望通过单词所包含的汉字的主观性来推断单词本身的主观性、极性，甚至是情绪类别。

比如，假设目前不知道"敏慧"是否是一个主观词，但是知道"敏"和"慧"都是主观的，就能够推断"敏慧"是一个主观词。同理，假设不知道"敏慧"的极性，但是知道"敏"和"慧"都是正极性的字，那么也能够推断"敏慧"是一个正极性的词。

基于字的情感尤其适合那些低频词，当从词的粒度上很难捕捉到充分的信息来进行主观性或者极性判断的时候，采用汉字的情感便可以对那些低频的词进行主观性或极性自动推断。

2. 程度副词的重要性

程度副词是现代汉语中使用频率较高的副词，与情感分析中的主观性有着紧密的联系。程度副词本身在程度级差上体现出较大的差异，学界已划分出程度副词的不同等级。一般将现代汉语中的程度副词划分为低量级（有点）、中量级（比较）、高量级（非常、很）和极量级（极、最）。

在英语中，程度副词使用较为多样，不易处理。比如：

（1）I am very happy.（程度副词在被修饰词之前。）

（2）I am the happiest person.（程度副词被形态变化所替代。）

（3）I support you very much.（程度副词在被修饰词后。）

（4）I support this project you proposed very much.（程度副词和被修饰词之间的距离较长。）

与此对照，现代汉语的程度副词和单词结合得更加紧密，同时更加简单。除了"高兴极了"等比例较少的后置情况外，大多数情况下程度副词都出现在被修饰词的前面。比如，"非常高兴""很难过"等，适合进行大规模的自动文本分析。

在现代汉语中，还可以用程度副词找出其他的评价词（组），不只限于形容词。

在主观词表和极性词表的自动构建中，程度副词起着很大的作用。本书工作的重点除了情感词表的构建以外，另一个主要研究点是产品评论分析。在网络的产品评论中，多为非正式文本，偏向口语化，程度副词的使用较为频繁。因此，采用程度副词来寻找评价表达，在产品评论分析中非常方便和实用。

# 第 3 章　汉语情感词表构建

情感词表是情感分析的重要资源。基于高质量的词典，一些情感分析任务只需要采用简单的方法即可获得较好的效果。对于中文而言，情感词表资源还很匮乏。

本章的重点是汉语情感词表的构建。笔者分别对主观性词表、极性词表和情绪词表的构建进行了研究。先是对本书中所构建的三个情感词表简单介绍，然后是情感词表的研究现状，最后依次介绍主观性词表、极性词表、情绪词表的构建方法。

在本书中，情感词表的构建方法有两个侧重点：①尽可能采用自动化的方法来构建情感词表；②基于语言学，选择更为稳定和噪声更少的情感线索。语言中的这些情感线索配合自动处理的过程，能够从大规模语料中挖掘出有效信息，辅助构建情感词表。

需要指出的是，在自动构建情感词表的工作中，并不排斥人工的校对和验证。笔者认为，语言学、心理学等学科的专家知识对情感分析有很大的作用。不过，在本书的方法中，为了考察自动方法的有效性，有意避免使用带标记的数据，而将人工标注等专家知识用于自动方法较难处理的环节。

## 3.1　本书中构建的情感词表

本书讨论了三类情感词表的构建，分别是主观性词表、极性词表和情绪词表。其中，主观性、极性和情绪的定义参考 2.3.2 节的情感分类参考标准。从情感的粒度来看，主观性到极性，极性再到情绪是情感粒度不断细化的过程。不同情感粒度的词表适用于不同的情感分析任务和要求，也体现出人们对情感分析研究的不断深入。

各类情感词表的简介如下所示。

### 3.1.1 主观性词表

主观性：包括基本主观性和混合主观性。基本主观性包含情绪、认知、评价、欲望、生理感受。混合主观性至少包含一项基本主观概念，但还含有其他的概念，如主观行为（表扬、感谢、谴责）、主观对象（好友、敌人）等。

涉及的词类：形容词和动词。

构造方法：基于语言中的主观性线索和汉字的主观性，采用了完全自动化的构建过程，对任意语料中出现的所有形容词和动词进行主观性的度量。

词表的形式：对任意语料，其中的所有形容词和动词都有一个主观性的分数（0～1），分数越高表明主观性越大。

主要用途：在本书中，主观性的度量主要用于产品评论分析中的主观句子过滤环节。通过去除主观性较低的句子削减语料规模，并且不损害后续处理的性能。

### 3.1.2 极性词表

极性：如果是人们所期望的，那么为正极性；如果是人们不期望的，则为负极性。中性有时也被看作一种极性。

涉及的词类：形容词。

构造方法：结合搜索引擎和语言学中的极性非对称性，对任意形容词列表进行极性度量。

词表的形式：任给一个形容词列表，对每个形容词都计算出一个极性的分数（−∞～+∞）。分数为正则为正极性，分数为负则为负极性。分数的绝对值越大说明判定的把握越大，绝对值越小则说明该单词倾向于中性或者上下文极性。

主要用途：其一是判断产品评论中形容词的判定；其二是极性词表的构建方法能够简单修改用于 { 产品特征 , 形容词 } 二元组的上下文极性判定。

### 3.1.3 情绪词表

情绪：个人的心理体验，主要由于对外部事件的感受而引起。

涉及的词类：所有词类。

构造方法：采用了人工和自动方法结合的处理，并且利用了各种不同的资源来提高情绪词表的质量和覆盖率。

词表的形式：共有五种情绪词表（喜、怒、哀、惧、惊）。每个词表都是单词（含成语）集合。该词表包含了人工的校验，词表中的单词都是高质量的情绪词。

主要用途：与评价相比情绪呈现出较强的领域独立性，这种性质可以作为一种知识应用于产品评论中的极性判定。

三个词表依次可以大致看成情感粒度细化的过程。在理想的情况下，主观性词表、极性词表、情绪词表可以形成一种包含的关系①，即主观性词表包含极性词表，极性词表包含情绪词表。

然而，本书中三个词表并不存在包含的关系。首先，不同词表涉及的词类不同。比如，主观性词表涉及形容词和动词，极性词表只考虑形容词，而情绪词表则涉及更多的词类。做出这样的任务设定主要是为了简化问题。在无法对所有词类进行处理的情况下，选择重要且相对容易解决的问题入手。其次，本书各个情感词表构建所采用的语料设置不尽相同。因此，各个实验中所涉及的单词集合也不完全相同。

## 3.2　情感词表构建的研究现状

构建情感词表，可以采用人工的方法、自动的方法以及两者相结合的方法来完成。目前，已经存在一些情感词典，它们是各种情感分析工作得以开展的重要基础性资源。

（1）General Inquirer。

（2）NTU Sentiment Dictionary。

（3）OpinionFinder's Subjectivity Lexicon。

（4）SentiWordNet。

（5）Taboada and Grieve's Turney adjective list。

（6）HowNet 情感词表集合。

在情感分析领域，还存在着各种构建情感词表的方法，以下是一些有代表性的工作。

### 3.2.1　国外情况

在文献 [21] 中，作者从大规模语料中找出并校验在所连接形容词的正负语

---

① 可能的例外是客观极性概念，如"死亡"等客观概念具有极性。这样，一部分的极性概念不在主观性概念之内。不过这种现象可以看成一个特殊问题，做单独处理。

义极性上的连词约束。真实数据上的评测显示了较好的性能。Hatzivassiloglou 和 Wiebe 提出了一个判定形容词主观性的方法。[22] 他们使用一个浅层句法分析器抽取所有的形容词，然后手工构建了包含 73 个程度副词和名词短语的级差修饰词。

Riloff 和 Shepherd 提出了一个基于语料的方法，该方法能够对特定的概念自动构建语义词典。对于该方法，输入是某个概念的一组种子词和文本语料。输出是与该概念相关的且排序的单词列表。[23]

为了对句子进行主观性的标注，Wiebe 通过分布相似度对单词聚类，用少量的人工标注作为种子。这些特征通过极性和级差性进一步地细化 [24]。

Turney（2002）、Turney 和 Littman（2003）提出通过一些正或者负的种子词，采用相似度手段（Pointwise Mutual Information，PMI）来从网络语料中扩展种子词列表。该工作的基本假设是"相同极性的单词倾向于在句子中共现"。[25,26]Taboada 等人在 Altavista 和 Google 上重复了文献 [25, 26] 的方法 [27]。

Riloff 等人首先通过一些种子主观名词（如 crap、fool、love 等）抽取出主观名词的模板，然后又用这些模板抽取主观名词。[28] 所得结果同前期工作得到的主观性线索（形容词等）一起用于构建朴素贝叶斯分类器，并对句子进行主客观分类。

Kim 和 Hovy 利用种子词集合（正极性和负极性各一组）通过 WordNet 中的语义连接极性扩展，得到一个更大的极性词表，并将其用于句子级别的极性判定中。[29]

Baroni 和 Vegnaduzzo 将 Turney 的方法应用到了主观性形容词的识别上，即采用一组主观性范例词，然后计算任意一个形容词和这组主观性范例词的相似性。[30]

Yuen 等人（2004）对无标注语料中的单词进行极性标注。[31] 首先采用文献 [25，26] 中的方法对汉语单词的极性进行了预测，其中的正负极性范例词是根据中文特点人工选择。作者观察到，如果在特定语料上使用 Turney 的方法，召回率（recall）往往较低。因此，作者提出了基于汉字的极性判断方法。通过引入汉字极性，能够较大幅度地提高极性单词的召回，并且不损失精度。

Kamps 等人发现当时基于 WordNet 的相似性度量主要是根据等级结构，提出了直接使用同义词集作为相似度度量，并用来确定形容词的极性。[32、33]

Gamon 和 Aue（2005）在 Turney（2002）的工作基础上进行了扩展，提出了一个新的假设，即"不同极性的单词倾向于不在句子中共现"。作者在实验中指出，使用这个假设能够获得较为稳定的情感词项。此外，将该方法和朴素贝叶斯方法相结合，又能进一步地提高性能。[34]

　　Takamura 等人提出了一种新的判定单词极性的方法。[35] 作者将极性看成电子的旋转方向（spin），通过平均场近似来计算整个系统的概率函数。采用了很少的极性种子词，在英语词表实验上获得较高的正确率。对于单词之间的关系，作者采用了基于注解的方法。比如，如果一个单词出现在另外一个单词的注解中，则这两个单词具有相似性。如果检测到了否定词则关系具有相异性。

　　Wilson 等人（2005）研究了短语的极性判定。他们首先进行中性和极性的划分，然后再进行正负极性的分类 [36]。

　　Takamura 等人（2006）提出了一个隐变量模型对短语的极性进行分类 [37]。该文作者认为，短语可能由多个单词组成，其极性并不是所有单词极性的简单累加，其中一些词会影响到短语整体的极性。为了捕捉这种短语的特征，作者引入了隐变量。实验结果显示该方法能够达到 82% 的极性识别正确率。

　　Kanayama 和 Nasukawa（2006）假设相同的极性在文本中相继出现。使用该方法，词典能够通过无标注语料自动扩展，并且在该过程中无需进行参数调节 [38]。实验显示，自动获取的极性精度可达 94%。

　　为了对影评极性的分数进行推断，Goldberg 和 Zhu（2006）对有标注影评和无标注影评构建了一个图，然后通过解决一个最优化问题得到了在整个图上的平滑评级函数 [39]。

　　Rao 和 Ravichandran（2009）在 WordNet 的基础上使用 3 种半监督的方法来构建极性词表，并将它们与基于语料的方法进行比较。结果显示，使用单词相似性的方法能够提升性能 [40]。

　　Esuli 和 Sebastiani（2006）认为，仅仅做正负极性的二分实际上是基于不合理的假设。很多词并没有主观性，因此不能认定其有极性。作者将单词分为正、负和客观 3 类，通过半监督的方法进行词项的分类 [41]。作者认为，包含主客观分类的极性分类是一个比正负极性分类更难的任务。

　　Yang 等人（2007）将网络日志中的情绪符号看成是人工标注，研究了单词和情绪的关联，提出从网络日志中抽取情绪词表的方法 [42]。

　　Kaji 和 Kitsuregawa（2007）从日文 HTML 文档中自动地构建极性词表 [43]。该工作的特点是利用了 HTML 文档中的结构信息，构建出的词表具有较高的精度。为了补偿低召回率，作者使用了大量 HTML 文档。

　　Esuli 和 Sebastiani（2007），Esuli（2008）使用了基于 PageRank 的算法对WordNet 中的同义词集（synset）做正负极性的评级。作者把 WordNet 看成是

一个图，其中的节点是同义词集，同义词集通过各自的注解建立连接 [44-45]。

Mihalcea 等人（2007）对罗马尼亚语进行主观性分类的实验。作者从英语主观性词典入手，利用双语词典将其翻译成罗马尼亚语，得到了含有 4 983 个词条的罗马尼亚词表 [46]。

Su 和 Markert（2008）对词义（word sense）的主观性和极性给出了一个适用于大规模的自动处理的标注框架。此外，作者还对标注者的偏向（bias），标注层级的划分等问题进行了讨论 [47]。

Banea 等（2008）介绍了如何使用少量种子主观词、在线词典和无标注语料，构建主观性词表的方法。该方法采用一个自展（bootstrapping）过程，可以对新的候选词做主观性评级 [48]。

Gyamfi 等（2009）描述了一个集成的自动主观性标注方法。他们利用诸如 WordNet 等词典资源中的层级和领域信息，和其他类型的特征来度量注释的相似度以及语义相关单词的重合程度 [49]。

为了给荷兰语构建主观性词表，Jijkoun 和 Hofmann（2009）使用了类似 PageRank 的算法从一个英语词表的荷兰语翻译结果开始自展，利用 WordNet 中单词关系网络对词典中的单词进行主观性评级 [50]。

Choi 和 Cardie（2009）的目的在于构建特定领域的极性词典。作者使用整数线性规划将一部通用的词典改造成为能够反映领域特色的词典。该工作考虑到了正、负、中 3 种极性，并且对情感的否定也做了针对性处理 [51]。Lu et al.（2011）认为，没有最优的情感词典，因为单词的极性往往依赖所在的领域和主题。该工作通过最优化方法，构建了针对特定领域并且能够依赖上下文中产品属性的极性词表。作者在酒店评论和打印机反馈语料中对所提出的方法进行实验。结果显示，该方法构建的词典综合性能较人工情感词表更高，尤其是在召回率上有很大的提升 [52]。类似的工作还有文献 [53，54] 等。

Mohammad 等人（2009）提出了一个构建高覆盖率的极性词表（包含单词和多词表达）的方法 [55]。作者指出，否定词缀更容易附着在正极性的单词上。基于此，他们使用 11 个否定词缀模板来抽取反义词对，并将抽取结果作为极性种子词。然后，作者基于一部词典，采用极性扩散的思路扩展极性词表。

Das 和 Bandyopadhyay（2010）使用多种方式（基于 WordNet，基于词典，基于语料）为印度语生成 SentiWordNet [56]。作者创建了一个在线游戏以便对所生成的 SentiWordNet 进行检验。

Velikovich 等人（2010）采用基于图的半监督方法来构建大规模的极性词表。该方法从网页中获取数据并构建极性词表，不需要词典、词性标注或者句法分析。所抽取的极性表达包含非常规的行话、错误拼写以及多词表达等[33]。

Xu 等人（2010）给出了一种利用多种资源构建情绪词典的方法，并且对情感词表构建中的一些语言问题进行了分析[57]。该方法最终生成了"喜怒哀惧惊"五个情绪词表。该方法受到 Ortony 情感模型的影响，对于许多易混淆的概念进行了辨析。

基于深层句法分析，Maks 和 Vossen（2011）对于丹麦语中的动词给出了主观性描述的词典模型[58]，描述动词论元之间的主观性关系。对标注一致性的验证结果说明该词典模型对人工标注来说是有效的。

Goyal 和 Dauméiii（2011）使用大规模的资源和一个词典来自动构建情感词表[59]。基本思路是先用大规模的语料和 SO-PMI-IR 方法[25]对单词进行极性的预测，然后借助词典构建单词之间的相似关系。作者假设词典中的同义词集合中的单词都具有相同的极性。

Torii 等人（2011）提出了用英文情感词典 SentiWordNet，WordNet Affect 以及日文 WordNet 构建日文 WordNet-Affect 的工作[60]。其中，日文 WordNet 中的概念编号（synset ID）和英文 WordNet 中的是一致的。此外，作者还考虑了日语中的形态知识，并在实验中验证了其作用。

## 3.2.2　国内情况

在国内，各种构建汉语情感词表的工作也相继展开。已有的一些汉语褒贬义词典可以作为情感知识库的一部分。比如，王国璋（2001）编写的《汉语褒贬义词语用法词典》[61]。然而，随着互联网的发展和语料规模的不断扩大，原有的褒贬义词表无法满足实际需求。因此，汉语情感词表的构建方法研究和资源建设逐渐成为热点。

许小颖和陶建华（2003）从名词和动词中选择并提供了一个含有 390 个情绪词的分类体系[62]。这个分类体系包含了 24 类情绪，并排除了中文成语。需要指出的是，该文并非针对自然处理领域的研究工作，而是从心理学的角度提供了这样一份词表。这份词表成了后续自然语言处理中情感分析的基础性资源。

朱嫣岚等人（2006）提出了基于 HowNet 的词汇语义倾向计算[63]。人工选择基准极性词集（正负倾向性各一组），利用 HowNet 提供的语义网络，给出了基于语义相似度和基于语义相关场语义倾向性判定方法。实验表明，该文的方法在汉语常用词中的效果较好，词频加权后的判别准确率可达 80% 以上，具有一定的实用价值。姚天昉和娄德成（2007）对意见挖掘中如何判定汉语情感词的极性进行了研究[64]。他们不但计算情感词的静态极性，而且通过分析它的上下文，计算情感词的动态（修饰）极性。作者定义情感词的修饰极性是由于句子中修饰词的出现，可能会改变情感词原极性的方向或强度，包括否定修饰和程度修饰。

姚天昉和娄德成（2007b）通过采用依存句法分析，对产品评论语料中主题和情感词的关系进行了语言学上的分析考虑[65]。在识别主题和情感描述项之间的关系之后，将其应用在语句中每个主题的极性判定上。实验结果显示，用于识别主题和主题极性的改进后的 SBV（主谓结构）极性传递算法能够提升系统性能。

徐琳宏等人（2007）介绍了情感语料库构建方面的一些经验，并对情感语料库建设中的制定标注规范、选择标注集、设计标注工具以及标注过程中的质量监控进行了分析[66-68]。从规模来看，他们构建的情感语料库是国内最大的，截止到该文发表的时候，已经标注完成近 4 万句，100 万字的语料。此外，在已标注语料的基础上，徐琳宏等人给出了语料库的情感分布，情感迁移规律等统计数据，分析了情感语料库的特点及应用。

张锦明（2008）提出了一种基于词汇的语义倾向向量空间模型算法 (SOVR 算法 )[69]。该算法综合利用文本的语法、语义、语用三个层次，结合了基于统计和规则的方法，在一定程度上还融合了一般领域与特定领域的信息。

王一牛等人（2008）对汉语名词、动词和形容词的情感信息进行多维度评定和验证，建立标准化的汉语情绪词库[70]。该研究认为，采用愉悦度、唤醒度、优势度和熟悉度 4 个维度可较充分地反映词的情感信息，并阐明其统计学原因。不过，该工作是心理学领域的研究工作，而且从其实验设置来看是读者情感的范畴。利用多维度来对情感进行标注的思想可以借鉴，避免由于只关注某一个维度而使情感词表不够通用。

陈建美等人（2009）首先构建了一个情感本体体系，然后采用人工与自动相结合的方法对该体系进行知识填充[71]。所提出的自动化方法采用 CRF 工具，并通过错误分析找出适合的特征组合。作者还涉及了上下文对情感的影响，并提出了 3 种消歧方法来确定情感并进行了对比实验[72]。

王素格等人（2009）提出了基于同义词的词汇情感倾向判别方法[73]。该工作假设词汇的语义相似可以推断出情感倾向性的相似，而语义相似度的度量靠同义词集合完成。这种方法一定程度上避免了数据稀疏问题。

杜伟夫等人（2009）提出一个可扩展的词汇语义倾向计算框架，将词语语义倾向计算问题归结为优化问题[74]。该方法利用多种词语相似度计算方法构建词语无向图；然后利用以"最小切分"为目标的目标函数对该图进行划分，并利用模拟退火算法进行求解。实验证明了该框架的合理性以及求解方法的有效性。

柳位平等人（2009）研究了中文基础情感词词典构建[75]。利用中文情感词建立一个基础情感词典，为专一领域情感词识别提供一个核心子集，然后在语料库中识别并扩展情感词集，提高分类效果。在中文词语相似度计算方法的基础上，提出了一种中文情感词语的情感权值的计算方法，并以 HowNet 情感词语集为基准，构建了中文基础情感词典。利用该词典结合 TF-IDF 特征权值计算方法，对中文文本情感倾向进行判别，实验结果表明，该方法取得了不错的分类效果。

采用类似的思路，李荣军等人（2010）对情感词构建图结构，并选择其中一部分为种子词，利用知网 (HowNet) 计算词语间的语义相似性度，再通过 PageRank 算法对无极性标记的情感词进行极性判别[76]。

孙慧等人（2010）针对动态极性词的极性判定问题，提出了一种获取上下文相关的词汇情感倾向方法[77]。同时，针对目前缺少包含上下文相关情感词标注资源的问题，使用最大熵交叉验证和手工校正结合的方法构建情感词标注资源。并在此基础上构建了上下文相关的特征集合用来预测情感词在上下文中的情感倾向。这项工作是对极性词表构建的更深入的研究，因为许多处于极性模糊地带的词需要特别处理，而非简单地给予正或负的极性。

崔大志和李媛（2010）对网络评论情感语料库的构建进行了研究[78]。针对手机、家电、化妆品等三个不同领域的产品在线评论实现了情感语料库的初步构建，为文本情感计算、情感推理奠定基础。此外，李媛构建了消费者"多情感"表达分类体系，并在此基础上利用模糊集合和模糊逻辑，构建了情感词汇模糊本体库，用模糊隶属函数描述在线产品评论的情感词汇强度；在词汇本体库的基础上，制定了在线产品评论的情感标注体系，构建了在线产品评论"多情感"语料库[79]。

佘正炜和钱松荣（2011）提出了基于神经网络的情感词汇自动获得方法[80]。为了消除情感词典更新时的人工参与，作者使用神经网络训练算法对统计得到的候选情感词进行训练，然后筛选得到更新的情感词词典。作者指出该算法不但能够自动获得情感词，而且对于文本倾向性的预测也有帮助。

肖健等人（2011）提出了一种基于机器翻译的情感词挖掘方法[81]。首先，使用汉英机器翻译系统翻译汉语种子情感词典生成候选英语词语，根据 WordNet 提取候选英语词语的上下位词、同义词或反义词并将这些词语翻译成汉语，进而提取汉语情感词语。另外，该文依据 SentiWordNet 判别候选英语词语极性，并将候选英语词语极性映射到目标汉语情感词语上，达到判别汉语情感词语极性的目的。

金宇等人（2011）认为，手工构建和维护一部完善的情感词典是不现实的，提出采用直推式学习对中文情感词的极性进行判别。该算法以少量情感词为种子，利用词典中词汇的解释信息，直推出其他词的情感极性[82]。

### 3.2.3 对情感词表研究现状的分析

对于情感词表的构建[①]，可以分成两个因素来考虑：情感的先验知识和单词之间[②]的关系。先验知识指人们对于情感的知识。在各种构建情感词表的方法中，最常见的一种先验知识就是种子词表。而单词之间的关系则能够保证有可能通过单词之间的语义相似性推断出单词之间的情感相似性。

总体而言，各种词表构建方法的区别在于如何构建先验知识和构建单词之间的关系，以及如何使用它们。如果构建的重心放在先验知识，那么很可能就变成了一个纯手工标注情感词的方法。典型的工作，如 General Inquirer (GI) 词表[83]。

尽管人工词表的质量较高，但是其覆盖率却较低。因此，通常的方法是从现有的情感词集合出发扩充情感词表，如文献 [20，25，26，41，48] 等。对于这类方法，构建单词之间的关系是情感词表质量的关键所在。构建单词之间的关系，可以采用语料中的语言学假设，如"同一个句子中的相邻的单词极性相同""由 but 连接的两个词极性相反"；也可以采用语义词典中的上下位或者同义关系等。

另外，也有研究利用已有的英文情感词表构建其他语言的情感词表。这种工作本质上并没有脱离以上的框架，可以看成是构建单词之间关系的时候巧妙地利用了双语对齐信息（如机器翻译结果，不同语言之间 WordNet 的概念编号 synset ID 的对应等等）。在文献 [46，50，56，81] 中分别构建了罗马尼亚语、荷兰语、印度语和汉语的情感词表。

也有研究者直接利用博客上的情感标记和单词的共现[42]，对单词的情感分类。这相当于收集到了特殊的情感标注语料。不过这类方法由于并非对单词直接标注，存在着大量的噪声。

还有一类情感词表构建工作不以构建通用情感词表为目标，而是关注特定

---

① 笔者将单词极性预测的工作也包含进来，并不加区分。
② 此处也可包含多词短语、成语等，为简明起见，用"单词"统称。

领域的情感词表 [51, 52, 53, 54]。这类工作从通用情感词表出发，根据特定领域的大规模语料构建出领域相关的情感词表。

上述各种类型的情感词表构建工作虽然取得了一定效果，但是仍然存在着一些问题。

（1）手工情感词表的主要问题是规模较小，难以包括新词和一些低频词。

（2）对于从种子词开始进行扩展的情感词表构建方法而言，最主要的问题在于单词关系的质量。尽管通常认为，语义词典能够提供较高质量的语义关系，但是实际的分析发现，这种语义关系对于构建情感词表并非足够准确。比如，笔者从类似 WordNet 的汉语语义词典对情绪"惧"抽取同义词集（synset）和上位词（hypernym）以及下位词（hyponym）的同义词集，发现评价词（如"胆小"）也被收录了进来，而该词并不表示情绪。究其原因，是由于这类通用的语义词典并非专门针对情感分析而设计。而通过语料构建的单词相似度，也存在这样的问题。一个常见的假设是相邻单词具有相似的极性，而实际的语料中反义词对经常共现。这类方法极性分类的准确率一般都在 80% 左右，在不提高单词间关系质量的情况下，性能很难有进一步的提高。

（3）标注规范的不清晰。不同情感词典的构建者对情感的理解会有所差异，因此标注标准不完全相同。通常，使用词表的人所获得的只是词表本身，并不能够清楚地掌握词表构建者所采用的情感分类标准。这导致不同情感词表的规模、类型相差极大（规模从几十，数百到上万，所选择的单词类型也不尽相同）。比如，大连理工大学的情感本体库没有区分情感本身和情感表达（如"面红耳赤""笑眯眯"等），使其词典的规模较为庞大。事实上，在对多个情感词表进行考察时，发现对于同一个单词，不同词表会给出相反的极性，而且数量并不少（见 5.4.3.2 节）。

针对以上三个问题，在情感词表构建中，笔者着重关注：①为了扩大词表的覆盖率，尽可能采用自动化的方法来构建情感词表。②为了获得高质量的词表，基于语言学原理，选择高质量的情感线索；③给出情感分类的标准，以便分析讨论。

## 3.3　形容词和动词的主观性评级

在文献 [17] 中，作者认为，主观表达是用来表示观点、情绪、评价、推测等的单词或者短语。涵盖这个概念的一个常用术语是私有状态（private state），一个无法被客观观察和验证的状态。

一些关注词典主观性的工作隐含地假设"主观性 = 正极性 + 负极性"。然而，存在着一些无法推断极性的主观性单词。比如，尽管"惊讶"可以被用在正极性、负极性，甚至中性场合[3]，"惊讶"本身不携带极性。许多认知、动机、推测的单词属于这个范围。

构造汉语主观性词表是一个非常有挑战性的任务。一方面，主观性的判定对于人而言都是困难的任务，这一点在人工标注一致性分析中已有体现（见 3.3.5.1 节）；另一方面，无论采用何种方法构造主观性词表，当切换到一个全新的应用领域时，这份词表通常是不够充分的。

一些构建主观性词典的工作采用了句法分析器[24]、信息抽取[84]，或者成熟的语义词典，如 WordNet[44, 85]。对于中文而言，这样的资源或者工具要么不存在要么不够充分。比如，目前就没有类似 WordNet 的可以免费使用的中文语义词典。

鉴于此，本书并不期望能够提供一份完整的中文主客观词表。本书的工作是，任意给定一个无标注语料，对其中包含的所有形容词和动词进行主观性度量。首先，该方法将主观性词表的构建限定在特定的语料上，降低了词表构造的难度，同时又不失实用性。其次，形容词和动词是表示主观性的主要词类，并且与主观性线索的关系相对简单，适合采用自动的方法来对单词的主观性进行度量。

## 3.3.1 研究动机

主观词表的重要性和汉语主观词表的匮乏是本书主观性词表构建研究的动机。

Mihalcea 等人（2007）指出，把主观和客观进行区分有如下两个原因。

（1）两阶段的方法往往是有效的。也就是说，首先进行主客观的区分，然后进行极性分析。

（2）我们也许需要更广义的主观性，诸如动机、思维、推测等，而不仅仅是正负极性。

在其他实验中，笔者采用了两阶段的处理，即先进行句子主客观的分类，然后在主观句子集合中进行产品特征抽取、极性判定等任务。结果显示，经过主观性的过滤，能够降低后续处理的数据规模，且不损害甚至提高性能。另外，非极性的主观性工作已经有研究者涉及，比如在 Goldberg 等人（2009）中，作者提出了一种自动发现"许愿"语料中的愿望模板的方法。该方法找出了一些模板如"I wish""I hope""I want""if only""would be better if"以及"would like if"等，然后根据这些模板抽取出人们所期望的主题。[86]

对于汉语而言，已经存在一些情感词表，使用比较广泛的如下。

（1）HowNet 情感词表①。HowNet 本身是中文本体词典，HowNet 情感词表是在本体词典的基础上构建而成。

（2）NTUSD (NTU Sentiment Dictionary)。NTUSD 的构建则是以初始的人工标注种子词表（来自中文同义词词典）通过 Sinica Bilingual Ontological WordNet[87] 自动扩充而成。

然而，这些词表都是极性词表，即词表分为正负极性两部分。虽然可以将其作为主观性词表来使用，但是对于大规模的语料而言，仅仅包含极性词的词表对主观性单词的覆盖程度仍然不够。对比极性词表的工作，主观性的标注是一个更困难的任务。在中文领域，甚至没有公开地区别主观性和客观性词表。

在实验结果分析中（见 3.3.6.2 节），会对由这两个极性词表合并而成的词表（作为主观词表的替代）进行分析和比较。

### 3.3.2　相互强化的半监督主观性评级方法

本书采用主观性线索和基于图的半监督算法对形容词和动词进行主观性评级。对于一个目标词（形容词或者动词），主观性线索（subjectivity clue）是那些能够指示该目标词主观性的单词。主观性线索可分为级差线索（gradability clue）和主体线索（subject clue）。而半监督算法参考了 HITS 算法的相互强化（mutual reinforcement）过程[88]。

1. 级差线索

级差线索是程度副词。人们已经注意到级差性和主观性有着很强的关联。我们可以说"非常高兴"，其中"高兴"是主观词，而"非常"是程度副词。但是"非常塑料的"是不通顺的，其中"塑料的"是客观词，倾向于不受程度副词的修饰。

在文献 [22，24] 中，作者使用了包含 73 个副词和名词短语的程度修饰词集合，然后构建主观性分类器用于句子的主观性分类。他们认为，级差性是很好的主观性指示器。Athanasiadou（2007）认为，"强化"（intensification）能够获得主观性，因为说话者的视角被投影到了实体上[89]。Zagibalov 和 Carroll（2008）使用了否定性副词结构（包括 5 个程度副词）来寻找中文情感种子词[90]。

---

① http://www.keenage.com/download/sentiment.rar。

在中文里，人们发现程度副词总是被修饰词的前一个或者后一个词[91]，尤其是出现在被修饰词前的情况占大多数。因此，在构建副词和潜在的观点词(笔者选择形容词、动词作为潜在的观点词)之间关系的时候，只考虑潜在的观点词的前一个副词。这些信息在使用级差线索来对单词的主观性进行评级的时候非常有用。

2. 主体线索

第二个主观性线索是主体线索，该线索在自然语言处理的主观性分析中受到较少关注。Benveniste（1958）指出人称代词是诱导出语言中主观性的第一步[92]。Ochs and Schieffelin（1989）研究了不同语言中被用来表达情感的语言资源，提供了一个和情感有关的详细的线索列表。他们认为，人称代词、反身代词和限定词、体、时态、重复都能够指示情感，甚至语音信息和篇章结构也能够显示说话者的主观性[93]。主体线索是这样一些单词，它们协助说话者构建对话环境并把自己假定为一个谈话的主体。人称代词、限定词是典型的主体线索。Wiebe and Riloff（2005）认为，主观性的表达是那些用来表达观点、情绪、评价、推测等的单词或者短语[2]。基于这个定义，在主观性会话中表达观点、情绪、评价和推测必须首先要存在一个"人"。因此，有理由假定主观性更有可能出现在那些具有主体的对话环境。比如，假设句子里面有"这个"，尽管"这个"本身并不直接传达任何主观性，"这个"隐含地指出了人（主体）的存在性，而该主体使用"这个"来指称一个实体。根据这一假设，主观性很有可能会出现在这个中文句子中。为了检验该假设，本书选择了5个中文主观词（高兴、喜欢、愚蠢的、希望、怀疑）和5个中文客观词（中国的、塑料的、吃饭、死亡的、震动）在北京大学汉语语言学研究中心提供的搜索工具上进行实验，结果如表3-1所示。

表 3-1

| 单词 | C1 | C2 | R=C1/C2 |
|------|------|------|---------|
| 高兴 | 951 | 27 331 | 0.034 8 |
| 喜欢 | 1 667 | 28 778 | 0.057 9 |
| 愚蠢的 | 66 | 997 | 0.066 2 |
| 希望 | 2 653 | 79 802 | 0.033 2 |

| 单词 | C1 | C2 | R=C1/C2 |
|---|---|---|---|
| 怀疑 | 581 | 12 070 | 0.048 1 |
| 中国的 | 880 | 39 741 | 0.022 1 |
| 塑料的 | 1 | 115 | 0.008 7 |
| 吃饭 | 265 | 10 544 | 0.025 1 |
| 死亡的 | 75 | 2 808 | 0.026 7 |
| 振动 | 22 | 650 | 0.033 8 |

C1：单词和"这个"在固定长度窗口共现的频次；C2：单词在整个语料中的频次。

从表 3-1 可以看出，从平均上来说，主观词的 R 值（R 值表示"这个"和目标单词的相关程度）比客观词的要大。这个差异表明，当"这个"（一个主体线索）出现在上下文的时候主观词更容易出现。此外，文本中还有多种其他主体线索，当它们同时使用的时候，这种差异会被进一步加强。

与级差线索相比，主体线索对主观性的指示较弱，但是主体线索在语料中出现得更加频繁。

3. 实验中的主观性线索

在实验中，去掉了一些对于中文而言不存在或者采用目前的 NLP 工具很难获得的主观性线索，并将这些线索进行归纳，如表 3-2 所示。

表 3-2　实验中所采用的主观性线索

| 主观性线索 | 子　类 |
|---|---|
| 级差线索 | 程度副词 |
| 主体线索 | 人称代词<br>反身代词<br>限定词<br>叹词<br>情态词<br>感叹号 |

4. 基于图的半监督算法

在图 3-1 中使用了三种类型的单词（节点）：

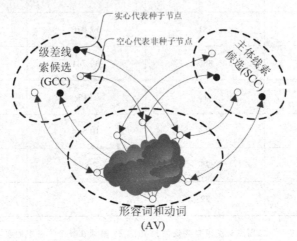

图 3-1　传播主观性的图模型

（1）级差线索候选（Gradability Clue Candidates, GCC）；

（2）主体线索候选（Subject Clue Candidates, SCC)；

（3）形容词和动词（Adjectives and Verbs, AV）。

AV 节点是待评级的目标单词，由于形容词和动词与主观性线索有着相似的关系，将它们合在一组中。GCC 节点和 SCC 节点是级差线索和主体线索的候选，详见表 3-2。

算法所需的图被定义为 $G=(V, E)$，其中节点集合 $V=\{V_{AV}, V_{GCC}, V_{SCC}\}$，边集合 $E=\{E_{SCC \to AV}, E_{AV \to SCC}, E_{GCC \to AV}, E_{AV \to GCC}, E_{AV}\}$。把每个节点集合的大小记为 $n_{GCC}=|V_{GCC}|$，$n_{AV}=|V_{AV}|$，$n_{SCC}=|V_{SCC}|$。对于五个边集合，定义五个矩阵 $\{M_{SCC \to AV}, M_{AV \to SCC}, M_{GCC \to AV}, M_{AV \to GCC}, M_{AV}\}$。矩阵的每个元素代表了节点间的关系。比如，$M_{SCC \to AV}$ 是 $n_{SCC} \times n_{AV}$ 的矩阵，它的元素代表 SCC 节点和 GCC 节点之间的关系。$M_{AV}$ 是 $n_{AV} \times n_{AV}$ 方阵，因为该矩阵表示 AV 节点之间的关系。各个矩阵的构建过程见 3.3.4.4 节。

接下来定义五个向量（表 3-3）。在向量中的每一个元素代表一个节点的分数。分数的值介于 0 到 1 之间，1 意味着这是一个种子节点（seed node）。迭代算法如算法所示。

表 3-3　分数向量

| 节点类型 | 向量名称 | 向量维度 | 分数说明 |
| --- | --- | --- | --- |
| GCC | grad clue | $n_{GCC} \times 1$ | 作为级差性线索的质量 |
| SCC | sub clue | $n_{SCC} \times 1$ | 作为主体线索的质量 |
| AV | av grad | $n_{AV} \times 1$ | 级差性分数 |
| | av sub | $n_{AV} \times 1$ | 主体性分数 |
| | av score | $n_{AV} \times 1$ | 主观性分数 |

　　根据表 3-3 中的定义，算法 1 用来计算 AV 节点的主观性分数。在运行这个算法之前，已经知道级差线索和主体线索的种子词集合。这些种子词，作为人工标注的结果和语言学知识，具有很高的质量。算法 1 的基本思想是与高质量的主观性线索频繁共现的 AV 节点是高质量的主观词，而与高质量的主观词频繁共现的主体性线索是高质量的主观性线索。初始的高质量主观性线索就是种子。笔者采用一个相互强化的方法来对 AV 节点和线索词（GCC 节点和 SCC 节点）同时进行评级。最终，对于第 $i$ 个 AV 节点，当从级差线索和主体线索获得两个分数 [ 即 av grad($i$) 和 av sub($i$)] 的时候，返回这两个分数的乘积作为最终第 $i$ 个节点的主观性分数。在算法 1 中，5~6 步和 9~10 步是对分数向量的归一化，以保证算法收敛。

Algorithm 1 计算 AV 节点的分数

Input: MSCC → AV, MAV → SCC, MGCC → AV, MAV → GCC, MAV, seeds

Output: av score

1: 用种子集合（seeds）初始化 grad clue, sub clue

2: repeat

3: av grad = MAV → GCC · grad clue

4: av sub = MAV → SCC · sub clue

5: av grad = av grad/max(av grad)

6: av sub = av sub/max(av sub)

7: grad clue = MGCC → AV · av grad

8: sub clue = MSCC → AV · av sub

9: grad clue = grad clue/max(grad clue)

10: sub clue = sub clue/max(sub clue)

11: 用种子集合（seeds）约束 grad clue, sub clue 中的种子节点

12: until 满足终止标准

13: av score(i) = av grad(i) · av sub(i), i ∈ [1, ⋯, nAV ]

在算法 1 中，grad clue, sub clue 也是有用的。比如，可以对 grad clue 进行排序，找出那些分数较高但不是种子词的级差线索候选，然后手工地更新级差线索种子词集合。

一旦获得了 AV 节点的主观性分数，便可以使用 AV ranking 算法在 AV 节点之间传播主观性的分数（算法 2），其中，$Y$ 是分数向量的初始赋值，$M$ 是归一化的相似度矩阵，$\alpha$ 是权衡初始赋值和相邻节点影响的常数。

Algorithm 2 AV ranking

Input: Y, M, α

Output: F

1: F = Y

2: repeat

3: $F = (1 - \alpha)M \times F + \alpha Y$

4: until 满足收敛条件

5: return F

算法 2 的基本思想是相似的节点应该有相似的主观性分数。一个节点的主观性分数由其初始赋值和相邻节点的主观性分数所决定。

简而言之，算法 1 参考了 HITS 算法 [88] 对异质的节点（在 AV 节点和 GCC 节点之间，以及在 AV 节点和 SCC 节点之间）进行评级，算法 2 参照了文献 [94] 对同质节点（AV 节点之间）的内部进行分数传播。

### 3.3.3  基于汉字的主观性

对于一个在语料中只出现若干次的目标词（一个 AV 节点）而言，为其抽取出的主观性线索（级差线索和主体线索）可能是不充分的，因此很难计算出有统计意义的主观性分数。在这种情况下，可以转向单词的内部。

一个中文单词通常由一个或者多个汉字构成。汉字经常充当独立的语义成分，从而本身也携带主观性。因此，笔者希望通过单词所包含的汉字的主观性来推断单词本身的主观性。假设不知道"敏慧"是否是一个主观词，但是知道"敏"和"慧"都是主观的，因此能够推断"敏慧"是一个主观词。

本书使用带约束的线性回归模型来估计汉字和主观性的联系，该模型如下式所示。

$$\min_{x} |C \cdot x - d|_2^2 \text{ 且 } 0 \leq x \leq 1$$

所涉及的汉字个数表示为 $n_c$，所涉及的中文单词（所有的形容词和动词）个数表示为 $n_w$。$x$ 是 $n_c$ 维的向量，而 $n_w$ 维的向量 $d$ 是所有形容词和动词的主观性分数。$C$ 是一个 $n_w \times n_c$ 矩阵，它的第 $i$ 行表示在第 $i$ 个单词中汉字的出现情况。更准确地说，$C_{ij} = 1$ 表明第 $j$ 个汉字出现在第 $i$ 个中文单词中，否则 $C_{ij} = 0$。

一旦获得了 $x$，认为它的元素值表示汉字的主观性。给定一个中文单词，返回该单词所包含的汉字的平均主观性作为整个单词的主观性。

以下给出一个例子。假设语料中出现了六个单词（敏感、聪慧、智慧、感冒、失聪、敏慧），所涉及的汉字是（敏、感、聪、慧、智、冒、失）。表 3-4 中各个单词的主观性分数 $d$ 来自前面的基于主观性线索的方法；$C$ 表示了单词中汉字的出现情况。

根据线性回归得到每个汉字的主观性分值，记录在 $x$ 中。对于"敏慧"这个词，可能由于语料中出现的次数较少，没有捕捉到主观性线索，从而主观性分数为 0。但是通过对汉字的主观性计算，发现"敏"（0.196 4）和"慧"（0.160 6）具有主观性。因此，基于汉字，"敏慧"的主观性修改为 $0.1785$（$= \dfrac{0.1964 + 0.1606}{2}$）。

表 3-4　计算汉字主观性的例子

| 单词 | $d$ | 敏 | 感 | 聪 | 慧 | 智 | 冒 | 失 |
|------|-----|----|----|----|----|----|----|----|
|      |     | \multicolumn{7}{c}{$C$} |||||||
| 敏感 | 0.925 7 | 1 | 1 | 0 | 0 | 0 | 0 | 0 |
| 聪慧 | 0.874 6 | 0 | 0 | 1 | 1 | 0 | 0 | 0 |
| 智慧 | 0.866 3 | 0 | 0 | 0 | 1 | 1 | 0 | 0 |
| 感冒 | 0.015 2 | 0 | 1 | 0 | 0 | 0 | 1 | 0 |
| 失聪 | 0 | 0 | 0 | 1 | 0 | 0 | 0 | 1 |
| 敏慧 | 0 | 1 | 0 | 0 | 1 | 0 | 0 | 0 |

### 3.3.4　实验设置

本节详细描述如何处理语料并构建矩阵。此外，介绍选择主观性线索种子词的方法。这些种子词是实验中主观性的来源。

1. 数据集

选择 1997 年到 2004 年人民日报的无标注语料作为实验语料。该语料约 700M 字节，包含约 450 万个句子，单词（包括词性标记）空间的规模是

◎ 汉语情感词表自动构建方法及应用研究

80 000 个左右。形容词和动词的数量是 21 126 个，它们是将要被评级的目标单词。

2. 分词和词性标注

使用 ICTCLA 工具包来进行分词和词性标注，采用了北京大学语料处理规范[95]。对于 GCC、SCC 和 AV 节点，按照如表 3-5 所示选择单词。

3. 选择种子词

在笔者所提出的方法中，所有的主观性来自 GCC 节点和 SCC 节点的种子词。因此，给每一类节点选择高质量种子词十分关键。

（1）选择 GCC 种子词。对于 GCC 节点而言，主要参考文献 [96]，它给出了不同研究者收集的几组程度词。此外还参考了文献 [97] 和 [98]。

此外，手工标注了按照表 3-5 选出的 2 597 个副词。除了有程度修饰的作用外，还采用三个标准来鉴别程度副词。

表 3-5　北大规范编码选择

| 顶点类型 | PKU 编码 | 含　义 |
| --- | --- | --- |
| 级差线索候选 (GCC) | D<br>Ad<br>Vd<br>Dg | 副词<br>副形词<br>副动词<br>副语素 |
| 主体线索候选 (SCC) | R<br>Y<br>!<br>E | 代词<br>语气词<br>感叹号<br>叹词 |
| 形容词和动词 (AV) | A<br>V | 形容词<br>动词 |

①程度副词应该是中性的。因此，"非常"是程度副词，而"恶意地"不是程度副词。②程度副词不能够连接客观词。比如，"非常吃饭"是不合理的，其中"非常"是程度副词，而"吃饭"是客观词。而"悄悄吃饭"则是可以接受的表达，因此"悄悄"不是程度副词。③如果一个副词除了程度修饰外有其他含义，则不选入。比如，"特别"在"特别高兴"中是程度副词，而在"特别报道"中具有其他的含义，所以"特别"不收入程度副词集合。

最终，收集到了 110 个程度副词，作为 GCC 种子节点。

（2）选择 SCC 种子词。对于 SCC 节点，将所有的语气词和叹词都作为种子。语气词的例子如"也好""呀"等；叹词的例子如"哎呀""哈哈"。

对于 SCC 节点中的代词，手工选择人称代词、反身代词和限定词作为主体线索的种子词。

感叹号也是种子词。

最后，收集到 263 个 SCC 种子词。

4. 构建矩阵

中文里，在大多数情况下，程度副词是被修饰词的前一个词（见 3.3.2.1 节）。当构建 GCC 节点（副词）和 AV 节点（形容词和动词）之间关系的时候，只考虑形容词或者动词的前一个词。

为了使用无标注语料构造 $M_{AV \to GCC}$，进行了如下步骤。首先，在整个语料中，统计一个 GCC 节点有多少次出现在一个 AV 节点之前，这样就有了 $n_{AV} \times n_{GCC}$ 的矩阵 $M'_{AV \to GCC}$。然后，对于矩阵中的第 $i$ 行（这行记录着第 $i$ 个 AV 节点和 GCC 节点共现的次数），用第 $i$ 个节点在整个语料中的频次除第 $i$ 行的所有元素得到矩阵 $M_{AV \to GCC}$。应该注意到 $M_{AV \to GCC}$ 的每一行的和并不是 1，因为 GCC 节点只是第 $i$ 个 AV 节点前能够出现的节点集合的子集。为了得到 $M_{GCC \to AV}$，将 $M'_{AV \to GCC}$ 进行转置后，做类似的处理。

对于一个 AV 节点，SCC 节点能够出现的位置更加灵活，因此把共现的窗口调整为一个句子。为了构造 $M_{AV \to SCC}$，在整个语料中统计一个 SCC 节点和一个 AV 节点有多少次在一个句子中共现，这样得到了 $n_{AV} \times n_{SCC}$ 矩阵 $M'_{AV \to SCC}$。其他的步骤与构造 $M_{GCC \to AV}$ 或 $M_{AV \to GCC}$ 类似，最终得到矩阵 $M_{SCC \to AV}$ 和 $M_{AV \to SCC}$。

$M_{AV}$ 和上述的四个矩阵不同，因为它是相同节点之间的矩阵。本文使用三种相似度来计算 MAV。以下三个相似度矩阵同维度，即都为 $n_{AV} \times n_{AV}$ 方阵。

（1）参照 Hatzivassiloglou 和 McKeown（1997）的工作，使用连词来获得单词之间的主观相似性。为了避免噪声，要求被一个连词连接的两个单词具有相同的词性。本书选择了 14 个连词，包括"和""但"等。初始的相似度矩阵为零矩阵。假设在语料中，出现"聪明但懒惰" 3 次；若"聪明"的索引为 $i$，"懒惰"的索引为 $j$，则该相似度矩阵中的 $(i, j)$ 和 $(j, i)$ 两个元素的值分别增加 3。在语料中，遍历所有的单词对和连词后，得到最终相似度矩阵。

（2）在 Zhu（1982）中提到了四种词汇重复，见表 3-6。本书认为，含重复的单词和它的原始单词具有相似的主观性。同样，初始的相似度矩阵为零矩阵。构造此相似度矩阵，只需要单词列表（长度为 $n_{AV}$），不需要语料。例如，"红红火火"对应的原始单词为"红火"，若"红红火火"的索引为 $i$，"红火"的索引为 $j$，则该相似度矩阵中的 $(i, j)$ 和 $(j, i)$ 两个元素的值分别增加 1。遍历所有的单词对后，得到最终相似度矩阵。

（3）本书使用目标词的前一个词和后一个词作为目标词的特征来计算任意两个 AV 节点（单词）之间的相似度，这个相似度是对分布相似度的近似。对任意一个单词 $W$ 而言，有一个特征向量 VW 与之对应。特征向量 VW 的前一半记录语料中 $W$ 的前一个单词的分布情况，即若单词 $W_i$ 在语料中出现在 $W$ 的左侧且相邻的次数为 $n$，则特征向量的第 $i$ 个元素为 $n$。采用相同的方式，特征向量 VW 的后一半记录语料中 $W$ 的后一个单词的分布情况。对于任意两个单词，其相似度为两个单词对应的两个特征向量的余弦相似度。

表 3-6　四种词汇重复

| 重复类型 | 例　子 |
|---|---|
| AB – AABB | 红火 – 红红火火 |
| A–AA | 暗 – 暗暗 |
| AB – ABAB | 通红 – 通红通红 |
| AB – A 里 AB | 啰唆 – 啰里啰嗦 |

当以上矩阵构造完成，进行对称归一化 [94] 并将它们线性组合 [102]。

### 3.3.5　人工标注与构建主观性参考标准

为了构建主观性参考标准，从 21 126 个形容词和动词中随机选择了 500 个，然后让 5 个标注者（X、M、H、P 和 W）以 3 个标记进行主观性标注：

·SS（strongly subjective）：强主观（2）；

·WS（weakly subjective）：弱主观（1）；

·OB（objective）：客观（0）。

注意，此处的 0，1，2 是标注时采用的符号，同时也可以看成是主观性的得分。

笔者提供两个主观性的定义来辅助标注工作：

·主观性是一种无法被客观观测和验证的心理状态；

·主观表达是用来表示观点、情绪、评价、推测等的单词和短语 [2]。

为了帮助标注者区分强主观和弱主观，从 OpinionFinder 词表① 中对形容词和动词分别选择若干强主观词和弱主观词以供标注者参考。

———————

① http://www.cs.pitt.edu/mpqa/。

另外，如果一个单词有多个语义，考虑其主观性最强的那个语义。

1. 人工标注一致性分析

表 3-7 是在 3 个标记上 5 个标注者的标注一致性分析。在表 3.8 中，把 SS 标记和 WS 标记合成一个标记（subjective），这样只有 2 个标记（subjective 和 objective）。通过比较表 3-7 和表 3-8，可以发现区别强主观和弱主观比起区别主观和客观的难度更大。这也促使笔者在参考标准中使用 2 个标记（subjective 和 objective），而不是 3 个标记（SS，WS，和 OB）。

表 3-7　5 个标注者在 3 个标记（SS、WS 和 OB）上的一致性

|  |  | X | M | H | P | W |
|---|---|---|---|---|---|---|
| X | A | 1.00 | 0.59 | 0.63 | 0.61 | 0.66 |
|  | κ | 1.00 | 0.24 | 0.41 | 0.41 | 0.40 |
| M | A | 0.59 | 1.00 | 0.58 | 0.47 | 0.80 |
|  | κ | 0.24 | 1.00 | 0.23 | 0.14 | 0.53 |
| H | A | 0.63 | 0.58 | 1.00 | 0.53 | 0.60 |
|  | κ | 0.41 | 0.23 | 1.00 | 0.28 | 0.30 |
| P | A | 0.61 | 0.47 | 0.53 | 1.00 | 0.53 |
|  | κ | 0.41 | 0.14 | 0.28 | 1.00 | 0.25 |
| W | A | 0.66 | 0.80 | 0.60 | 0.53 | 1.00 |
|  | κ | 0.40 | 0.53 | 0.30 | 0.25 | 1.00 |

A：一致性。κ：Kappa 值。5 个标注者：X，M，H，P 和 W。

表 3-8　5 个标注者在 2 个标记（subjective 和 objective）上的一致性

|  |  | X | M | H | P | W | Gold |
|---|---|---|---|---|---|---|---|
| X | A | 1.00 | 0.73 | 0.77 | 0.75 | 0.79 | 0.90 |
|  | κ | 1.00 | 0.44 | 0.53 | 0.51 | 0.57 | 0.81 |
| M | A | 0.73 | 1.00 | 0.66 | 0.63 | 0.85 | 0.79 |
|  | κ | 0.44 | 1.00 | 0.33 | 0.32 | 0.62 | 0.54 |
| H | A | 0.77 | 0.66 | 1.00 | 0.70 | 0.68 | 0.81 |
|  | κ | 0.53 | 0.33 | 1.00 | 0.39 | 0.37 | 0.62 |
| P | A | 0.75 | 0.63 | 0.70 | 1.00 | 0.69 | 0.80 |
|  | κ | 0.51 | 0.32 | 0.39 | 1.00 | 0.41 | 0.61 |

|  |  | X | M | H | P | W | Gold |
|---|---|---|---|---|---|---|---|
| W | A | 0.79 | 0.85 | 0.68 | 0.69 | 1.00 | 0.84 |
|  | κ | 0.57 | 0.62 | 0.37 | 0.41 | 1.00 | 0.67 |
| Gold | A | 0.90 | 0.79 | 0.81 | 0.80 | 0.84 | 1.00 |
|  | κ | 0.81 | 0.54 | 0.62 | 0.61 | 0.67 | 1.00 |

A：一致性。κ：Kappa 值。5 个标注者：X、M、H、P 和 W。Gold 是 5 个标注结果的混合而成的参考标准。

**2. 构建主观性参考标准**

经过人工标注后得到了 5 个标注列表，列表的每个元素是 0（OB）、1（WS）或者 2（SS）。尽管事先已经给出一些标注参考，但是标注者各自的标准仍然存在很大差异，这体现出不同标注者对主观性的不同理解。在表 3-9中，很容易看出，标注者 M 倾向于把单词标为客观的，而标注者 X 具有较为平衡的分布。

表 3-9　标注者 X 和 M 的一致性

|  | OB | WS | SS | 总计（标注者 X） |
|---|---|---|---|---|
| OB | 250 | 14 | 0 | 264 |
| WS | 89 | 42 | 2 | 133 |
| SS | 34 | 66 | 3 | 103 |
| 总计（标注者 M） | 373 | 122 | 5 | 500 |

为了得到更为一般化的主观性参考标准，把 5 个标注列表（同维度的分数向量）加起来得到一个混合的列表（其中每个元素的值是介于 0 到 10 之间的整数）。根据对列表的观察，把值大于等于 3 的元素对应的单词定为主观词，把值小于 3 的元素对应的单词定为客观词，这样得到了一个元素取值二元（主观 / 客观）的列表。

可以把这个二元标记列表看成是一个新的标注者（Gold），他和其他 5 个标注者的一致性如表 3-8 所示。从表 3-8 中可以看出 Gold 是一个更加一般性的主观性标注，因为他比其他标注者的一致性更高。

这个二元标记列表（Gold）将被用于实验，作为主观性参考标准。

### 3.3.6 对方法的评估

1. 评测指标

实验中采用两个评测指标：$\tau_p$（$p$-normalized Kendall distance）和 MaxAcc。

$\tau_p$ 是一个评级（ranking）被定义为一组对象上的偏序。任何两个对象要么有序（ordered）要么平手（tied）。如果两个有序的对（pair）涉及的对象相同，但是序不同，则称这两个对为不和谐对（discordant pairs）。

$$\tau_p = \frac{n_d + p \times n_u}{Z}$$

其中：$n_d$ 为预测评级和参考评级之间不和谐对的个数；$n_u$ 在参考评级中有序，但在预测评级中是平手的对的个数；$Z$ 为参考评级中有序对的个数；$p$ 为对平手的惩罚因子。

把 $p$ 设置成 0.5，与 Esuli 和 Sebastiani（2007）、Jijkoun 和 Hofmann（2009）的工作保持一致，这相当于认为平手意味着 50% 的不和谐对。

$\tau_p$ 的取值从 0（完全匹配）到 1。给定一个参考评级，$\tau_p$ 适合用来对其他的评级进行评估，即分数越接近于 0 则与参考评级越匹配。然而，$\tau_p$ 只是反映两个评级（ranking）中的有序对的一致程度，其结果并不直观。

MaxAcc 为了对评级有直观的评价，希望把预测评级转化为二元标记（主观和客观）的列表，然后比较其与主客观标准集的一致程度。在将预测评级转换为主客观两部分时，需要选择一个门限值来对预测评级进行切分，为了避免人工选择门限值，本书采用 MaxAcc 来进行评估。

MaxAcc 的含义是，以主客观标准集为正确分类，当调节门限值的大小时能够达到的最大正确率（accuracy）。

比如，对于单词列表 $\{A,B,C\}$ 的预测评级为 $\{0.7,0.3,0.9\}$，标准答案为 $\{1,0,1\}$，1 代表主观，0 代表客观，即 $A$、$C$ 为主观单词，$B$ 为客观单词。按照预测评级排序后，主观性从高到低依次为 $C$、$A$、$B$。调节主客观切分的门限值，则可能结果如下。

（1）$C$、$A$、$B$ 均为客观词，此时正确率（accuracy）为 33.3%。

（2）$C$ 为主观词，$A$、$B$ 为客观词，此时正确率（accuracy）为 66.6%。

（3）$C$、$A$ 为主观词，$B$ 为客观词，此时正确率（accuracy）为 100%。

（4）$C$、$A$、$B$ 均为主观词，此时正确率（accuracy）为 66.6%。

对于该预测评级，MaxAcc 为正确率最高的情况，即 100%。该结果说明该预测评级对于主客观的度量与标准答案一致。当将预测评级按照某个门限值划分成主观和客观两个部分的时候，与标准答案相同。

2.实验结果

如表 3-10 所示。

· baseline 将所有的单词分类成客观词（在随机选择的 500 个词中有 284 个客观词）。

表 3-10　实验结果

| 方法类型 | 无 AV ranking | | 有 AV ranking | |
|---|---|---|---|---|
| | $\tau_p$ | MaxAcc | $\tau_p$ | MaxAcc |
| baseline | | 0.568 | | |
| hownet & ntusd | | 0.714 | | |
| gradability | 0.395 | 0.670 | 0.393 | 0.680 |
| subject | 0.326 | 0.654 | 0.273 | 0.692 |
| Gradability & subject | 0.371 | 0.694 | 0.367 | 0.696 |
| Gradability & subject & char | 0.259 | 0.728 | 0.258 | 0.728 |

· hownet & ntusd：将 3.3.1 节中的两部常用汉语极性词表合并后去重，得到含 17 488 个单词的词表。将出现在该词表中的单词视为主观词，而未出现在该词表中的单词视为客观词。

· gradability：表示使用级差（gradability）线索进行主观性度量。

· subject：表示使用主体（subject）线索进行主观性度量。

· gradability & subject：表示同时使用级差（gradability）线索和主体（subject）线索进行主观性度量。

· gradability & subject & char：表示在使用级差（gradability）线索和主体（subject）线索进行主观性度量之后，再使用汉字的主观性对单词的主观性进行度量。

· AV ranking：在获得了单词的主观性后，再采用算法 2 在 AV 节点之间进行主观性传播。

根据评测指标的定义，$\tau_p$ 值越小说明预测评级和主客观标准集（Gold）越一致。虽然，$\tau_p$ 对于两个评级之间的相似性描述更加精细，但是相比 MaxAcc

却不够直观。在接下来的分析中，主要采用 MaxAcc 作为评测指标。

从表 3-10 可以看出，就 MaxAcc 而言，级差线索（0.670）和主体线索（0.654）都是有效的，相比于"baseline"（0.568）都有明显的提升。把两个分数乘起来作为主观性分数（0.694）的比两种线索单独使用要好。

采用汉字的主观性能够提升性能（对于 MaxAcc，从 0.694 到 0.728）。汉字主观性和词频的关系将在 3.3.6.3 节中进行分析。

对于"AV ranking"方法，如果单独使用级差线索或者主体线索得到的分数，可以看到 1%（从 0.670 到 0.680）或 3.8%（从 0.654 到 0.692）MaxAcc 提升。但是，笔者也注意到"gradability & subject"和"AV ranking"的组合并没有能够带来进一步的 MaxAcc 提升。一种可能的原因是"AV ranking"所使用的相似度矩阵质量还有待提高。

"hownet & ntusd"方法略低于本书提出的方法（gradability & subject & char），但较"baseline"有明显提高（从 0.568 到 0.714）。有几点需要注意。

（1）采用"hownet & ntusd"进行比较是一种权宜之计。目前而言，并不存在公认的区分主观和客观的词表。为了和本书提出的方法比较，只能将已有的两个常用极性词表中的词都看成是主观词，而把其余单词看成是客观词。

（2）虽然"hownet & ntusd"的词表规模已经不算小（含 17 488 个单词），测试集合中的 500 个单词只有 107 个出现在该词表中。因此，"hownet & ntusd"词表用来进行主客观分类的正确率严重受到语料中单词规模的影响。考虑极端的情况，假设所有的测试集单词都不出现在"hownet & ntusd"词表中，那么它们都会被判定为客观词，这种判断退化成了"baseline"。而本书提出的方法，能够对语料中出现的任意一个形容词或动词进行主观性的度量，并能够保证具有明显高于"baseline"的准确度。

（3）"hownet & ntusd"作为主要由人工构造的词典，其主观性的判定受频率影响较小。而本书方法当被判定词在语料中出现的频率较大时，主观性度量的性能会进一步升高（见 3.3.6.4 节），MaxAcc 可以达到 80% 左右。

3. 汉字主观性的影响

本部分侧重分析词频对采用汉字主观性方法的影响。在图 3-2 中，使用最小词频从 500 个单词中选择单词。比如，如果最小词频是 20，则只考虑那些在语料中词频大于等于 20 的单词。

在图 3-2 中，当最小词频小于 20 时，使用汉字的主观性能够得到较好的效果；当最小词频大于等于 20 时，不使用汉字主观性表现得更好。

可以这样来解释：当一个单词频繁出现的时候，它的统计信息足以估计它的主观性。而当一个词出现的频率较小时，它的统计信息不是十分稳定，需要通过汉字的主观性来辅助判定单词的主观性。

比如，"敏慧"只在整个语料中出现两次，来自级差线索的分数（0）和来自主体线索的分数（0.035 9）都很低。但是，许多包含"敏"或者"慧"的其他单词具有较高的主观性，因此这两个汉字相应地也有较强的主观性。当使用这两个汉字的平均主观性作为"敏慧"的主观性时，"敏慧"在整个目标词列表（21 126 个形容词和动词）中排名 152，表明其具有很强的主观性。

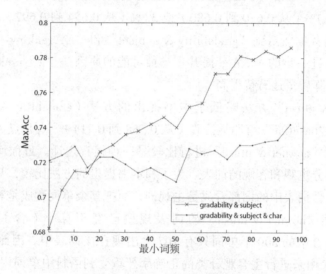

图 3-2　汉字主观性的影响

### 4. 与人工标注做比较

在图 3-3 中，考察当最小词频改变的时候，笔者提出的自动方法（方法设置选择 gradability & subject，参考表 3-10）和人工标注者的比较。

笔者观察到，人工标注对于词频不敏感（5 个标注者的曲线基本是水平的），因为人工标注者是通过词义判断单词的主观性，与单词频率关系不大。与此对照，自动方法当最小词频上升时性能变好，这说明拥有统计信息越多，自动方法的效果越好。

当最小词频超过 250 的时候，笔者所提出的自动方法比标注者 P 要好，和标注者 W、M 和 H 相当，仅仅比标注者 X（即笔者本人，对于主观性有一般性的理解）差。

这样的信息说明，对于中文形容词和动词，只要能抽取足够的主观性线索，就能够自动地对单词的主观性进行度量，而且其性能超过或者和一些人工标注者相当。

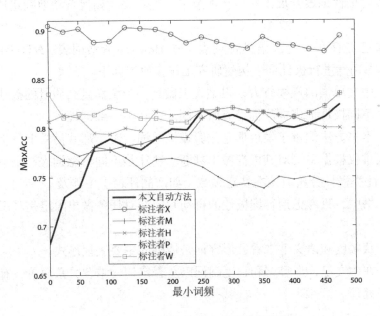

图 3-3　自动方法和人工标注的比较

### 3.3.7　小结

本节提出的对形容词和动词的主观性进行自动度量的方法有如下优点：

（1）只依赖大规模的无标注语料，不需要复杂的 NLP 工具；

（2）所选择的主观性线索，诸如人称代词、程度副词等，是容易获得的；汉字的主观性在统计信息偏少的时候尤其有效；

（3）单词主观性和单词相似度的先验知识能够很容易被该方法采用；

（4）如果目标词在所采用的语料中频繁出现，该方法能够超过或者匹配人工标注者。

将来，笔者会对中文名词进行主观性评级，这是一个更有挑战性的任务。

## 3.4　形容词极性词表的构建

极性词表一般是指包含正负极性单词的词表。比如，"美丽""高兴""聪明"等是正极性的，而"丑陋""悲伤""愚蠢"等是负极性的。高质量的极性词表是情感分析中相关任务的关键。各种评论的极性分类，产品特征评价分析等都依赖极性词表开展工作。在本节中，笔者关注如何自动地判定形容词的极性。

尽管已经存在一些汉语极性词表（如 HowNet 情感词表、NTUSD 情感词表），本书仍然进行极性词表构建研究工作，原因如下。

（1）中文单词的规模较大，很难人工做到一个全面且高质量的极性词表。

（2）不同极性词表标注标准有所不同，存在不一致的地方。

（3）本书方法侧重于发现那些先验极性单词。对于那些易受上下文影响的单词，很难仅根据单词对其极性做出判断（往往是不同情感词表产生不一致的原因）。此类极性分析应该在特定领域（如产品评论）中涉及。

在本书中，只考虑形容词极性的自动判定。对任务做出限定是基于如下的考虑。

（1）从频度和语义上来看，形容词是情感的主要表现形式。

（2）在中文里，形容词和程度副词以及否定词的结合关系简单，有利于采用自动的处理。

### 3.4.1 语言学中的极性非对称性

1. 相关工作

Hatzivassiloglou 和 McKeown（1997）对无标注语料中的形容词进行极性预测。他们认为，形容词的极性受制于连词的语言学约束，使用聚类的算法将形容词分成两类[99]。该工作的一个特点是作者没有使用极性种子词，而是基于语言学中语义标记（semantic markedness）理论直接指定（总体频率）较大的那个聚类为正极性。

Turney（2002）提出了一个简单且有效的单词极性判别方法[26, 103]。基于搜索引擎，给定短语的极性是通过比较该短语分别同正极性范例词和负极性范例词的相似度得到的。尽管能够把搜索引擎看成是大规模的无标注语料，Turney 的方法并没有像文献 [99] 中那样从语料中构建任意两个单词之间的关系图。笔者的工作和 Turney 的方法相似，差异将在 3.4.2 节详细介绍。

Zagibalov 和 Carroll（2008）提出了自动抽取汉语情感种子词并用于中文产品评论的无监督情感分类。作者认为，人们在中文里更趋向于说"不好"而不是"坏"，并将这种观察应用在识别正极性的种子词[90]。Zagibalov 和 Carroll（2008）鉴别正极性词的方法与本书提出的极性判定方法相关；然而，他们只是用其构建初始的正极性种子集合，并且没有从语言学的角度解释这种方法。

在文献 [55] 的工作中，使用词典和一些词缀，作者提出了一个生成高覆盖极性词表（含单词和多词表达）的方法。作者指出，根据标记原理（marking theory），"dishonest" "unhappy" 等被标记的（marked）单词通常是负极性的，而其对应的无标记（unmarked）单词 "honest" 和 "happy" 等通常是正极性的。他们使用 11 个反义词对的词缀模板来生成标记单词和无标记单词对，然后将这些单词对作为种子词。与文献 [90] 的工作相似，该工作使用否定词缀（正极性指示器）来构建初始种子词。与此对照，笔者提出的方法使用正极性指示器（不）和负极性指示器（有点）对所有的中文形容词进行极性判定，并且不使用词典资源。

Wu 和 Wen（2010）提出了一个方法来自动决定中文动态情感歧义形容词（dynamic sentiment ambiguous adjectives）的极性。所谓动态情感歧义形容词是诸如"大""小""高"和"低"的形容词 [104]。该文方法的一个特点是使用"有点"来构建极性识别模板，因为作者假定"有点"通常修饰负极性。与 Wu 和 Wen（2010）的工作相比，除了使用"有点"作为负极性指示器外，笔者还使用"不"来提供另一种极性的非对称性，并且覆盖所有的中文形容词。

以上相关工作可以归纳如下：虽然两个极性指示器（"不"和"有点"）在以上的这些工作中已经被涉及，但只是用到其中一种极性指示器构建基于规则的模板或者是抽取少量的极性词，并没有将两者结合起来。此外，缺乏从语言学角度的深入分析。本书的方法将两个极性指示器和文献 [103] 的工作相结合，可以对任意一个中文形容词进行极性的二元分类。

2. Pollyanna 原则

Pollyanna 是 Eleanor H.Porter 所著小说 Pollyanna（1913）中的女主人公，她是一个乐观的姑娘。

在文献 [105] 中，作者提出了 Pollyanna 假设，该假设认为，人们总是倾向于看到生活中积极的一面而非消极的一面，因此很像 Pollyanna 一书中的主人公。而在交流框架中的 Pollyanna 原则假定会话的参与者总是偏好令人愉快的主题而非悲伤的主题 [106]。

Pollyanna 能够被用来解释极性中的非对称性，这种非对称性提供了两个极性指示器（"不"和"有点"）。并且，这种极性上的非对称性是跨文化跨语言的。

3. 正极性指示器：不

在文献 [105] 中，作者提出否定词缀更多地应用在 E+（正极性评价词）上从而构成 E-（负极性评价词），而应用在 E-（负极性评价词）上构成 E+（正极性评价词）则较少出现。也就是说，通过否定词缀从 E– 构建 E+（诸 如 broken → unbroken、violent → nonviolent）比 起 从 E+ 到 E–（诸如 happy → unhappy、moral → immoral）要罕见得多。

该文作者认为，这是因为 E+ 单词在语言发展和个人的语言学习上都先出现，而否定词缀必须被附加在已经存在的单词上（E+ 是大多数）。因此，否定词缀更多地被应用在正极性词上。注意到文献 [105] 中是基于跨语言的数据，说明作者所提出方法有可能被移植到汉语以外的其他语言。

也可以从语用学的角度理解这种非对称性。通常，说话者会采用一些间接或者委婉的方式来软化负面表达，这其实就是 Pollyanna 原则的运用。正如文献 [106] 中指出的，否定往往是为了构建一种负面的情景，而听者会有意识加强否定的效果来抵消说话人的委婉好意[106]。

假设 $p$ 和 $q$ 是一对反义词，其中 $p$ 为正极性，$q$ 为负极性。通常，听者会有意识地加强将 not-$p$ 推断为相反的语义 $q$，忽略了介于 $p$ 和 $q$ 之间的非 $p$ 和非 $q$ 状态。

在笔者的工作中，主要关注形容词的否定。当一个正极性形容词被否定的时候，其语义往往变成了相反的极性。而一个负极性的形容词被否定的时候，其语义往往并不是相反的极性，却只是极性的取消。表 3–11 提供了一些例子。

表 3–11  否定的例子

| 原句 | 否定句 |
| --- | --- |
| 他感到高兴 | 他感到不高兴（= 他感到难过） |
| 他是个聪明的人 | 他是个不聪明的人（= 他是个愚蠢的人） |
| 坐地铁很方便 | 坐地铁很不方便（= 坐地铁很麻烦） |
| 这个电视节目很有意思 | 这个电视节目很没有意思（指无聊） |
| 他喜欢她 | 他不喜欢她（= 他讨厌她） |
| 他感到难过 | 他感到不难过（≠ 他感到高兴） |
| 他是个愚蠢的人 | 他是个不愚蠢的人（≠ 他是聪明的人） |
| 坐地铁很麻烦 | 坐地铁很不麻烦（错误的句子） |
| 这是个无聊的节目 | 这不是个无聊的节目（≠ 这是个有趣的节目） |
| 他讨厌她 | 他不讨厌她（≠ 他喜欢她） |

笔者对其中的一对例子进行分析。

当想表达"他是个愚蠢的人"时，根据 Pollyanna 原则，人们会采用委婉的说法，也就是换成比"愚蠢"弱的说法。此处假设采用"不聪明"来替换"愚蠢"，因为"不聪明"是比"愚蠢"弱的说法。而听到这句话的人，知道说话者采用了 Pollyanna 原则进行了极性的弱化，会有意将"不聪明"理解为"愚蠢"，而不是介于"聪明"和"愚蠢"之间的一种中间状态，从而还原了说者真正想要表达的最原始的语义。

而当想表达"他是个聪明的人"时，可以直接表示，并不需要采用委婉曲折的说法。因此，此时不会再用"不愚蠢"来替代"聪明"。"不愚蠢"则变成了一种不常见或者不必要的说法，且其语义脱离了上下文很难确定。

因此，否定词"不"可以被看成是正极性的指示器。也就是说，一个中文形容词如果被"不"修饰得越多，那么越有可能携带正极性。

4. 负极性指示器：有点

在语言学中人们已经注意到，"有点""有些"等许多弱化程度的词（minimizer）通常被限制在负极性的场合 [107, 108, 109, 110, 111, 112, 113, 114]。

Bolinger（1972）认为，出现"有点"的句子，就蕴含着"超出期望"的意思 [108]。因此，"有点"等词的使用往往出现在负极性的场合 [109, 110]。当"有点"这类词修饰正极性单词的时候，通常是不通顺的。例子如表 3-12 所示，其中，星号（*）代表不通顺。

表 3-12　"有点"的例子

| 这幅画有点脏 |
| 他的衬衣有点短 |
| 他有点蠢 |
| * 这幅画有点干净 |
| * 他有点聪明 |
| * 她有点美丽 |

与正极性指示器"不"类似，使用"有点"时的极性非对称性也是跨语言的。Klein（1998）认为，丹麦语在使用"有点"时也有相似的限制 [111]。在日语 [115] 和希伯来语 [116] 中也有学者观察到了这种非对称性。

"有点"的极性非对称性，也可以从语用学的角度进行解释。当面对负面的场合，说话者倾向于把事情说得不那么糟。因此，诸如"有点""有些"这类"缩减"程度副词被用于修饰负极性的词项 [107]。当使用这些"缩减"程度副词修饰负极性词的时候，负面程度被削弱，使之更加靠近评价刻度的中点 [116]。

与此对照，正极性的词不受"缩减"程度副词的影响[116]，因此，"有点"较少用于修饰正极性的词。如果情况是好的，那么使用"有点"来修饰这种情况是不可接受的，因为没有必要对好的情况进行削弱，这与 Pollyanna 原则不一致。

因此，"有点"可以被看作是负极性的指示器。也就是说，一个中文形容词如果被"有点"修饰得越多，那么越有可能携带负极性。

### 3.4.2 基于非对称性的极性判定方法

给定一个搜索引擎和两个中文极性指示器（"不"和"有点"），就能够对任意一个中文形容词的极性进行判定。

本书的方法参照了文献 [26，103]。因此，先简单介绍一下该工作。

在文献 [26，103] 中，给定短语的极性是通过比较该短语和正极性范例词和负极性范例词的相似度得到的。笔者定义 SO-PMI-IR（word）为

$$\log_2 \left[ \frac{\text{hits(word NEARPPW) hits (NPW)}}{\text{hits(word NEARNPW) hits (PPW)}} \right]$$

其中：PPW 是正极性范例词（集），NPW 是负极性范例词（集）；hits（query）是提交 query 到搜索引擎后返回的命中记录数；NEAR 是搜索引擎所支持的运算符，能够提供 10 个单词内的共现。如果 SO-PMI-IR 是正的，则判定该单词为正极性，反之为负极性。

为了避免被零除，对每个命中记录数加 0.01。正负极性范例词的选择是靠经验完成的。

在本书的方法中，SO-PMI-IR（word）被定义成

$$\log_2 \left[ \frac{\text{hits( "不word" )hits( "有点" )}}{\text{hits( "有点word" )hits( "不" )}} \right]$$

查询串""不 word""是在待判定极性的单词"word"前加"不"，注意中间没有空格。双引号操作符（""）是为了保证搜索引擎采用精确匹配，而非部分匹配。查询串""有点 word""也是这样构建的。

本书的方法和 Turney 方法有三点不同。

（1）没有选择范例词，本书只使用了两个极性指示器："不"和"有点"，这是基于语言学分析的结果。

（2）本书的方法中没有采用 NEAR 运算符（目前主流搜索引擎均不支持该运算符），查询只要求"精确匹配"运算符（通常是双引号）。该运算符几乎被所有的搜索引擎支持。

（3）此外，NEAR 运算符考虑了长距离的共现（10 个单词），会引入一些噪声。在本书的方法中，不存在这样的噪声，详细分析比较见 3.4.6 节。

本书提出的方法特别适合中文，因为几乎 ① 所有的现代汉语形容词都能够被"不"和"有点"修饰。根据文献 [117]，中文形容词都能够被"很"修饰，因此中文形容词都能够看成是级差性（gradable）的形容词。这样，"有点"作为一个程度副词，可以放在几乎所有中文形容词的前面。而"不"则可以放在形容词前构成否定。这样，在构建查询串时就不至于出现不合理的情况。

### 3.4.3　汉语形容词的特点

在英文中，有一些不能够用程度副词修饰的形容词，如二分的（binary）或者说是描述材质的 "very dead" "very plastic" "more extinct" 等都是不合常理的用法，被认为是非级差性的。在对中文形容词做人工标注的时候，笔者发现了一些非级差性的形容词，诸如"相同""相异"。这类形容词的数量极少，在具体处理时可以不做考虑。

除了非级差性的形容词，能够被程度副词修饰的形容词里面还存在一些中性的主观词。比如，"十分一般""比较相似""特别惊讶""非常罕见""很普通"等都是正确的用法，而其中"相似""罕见""惊讶""普通"都是级差性的，但是却没有明显的正负极性。

此外，还存在一部分必须有上下文才能够确定其极性的形容词，如"调皮""大胆""大""小""多""少"等。

除了非级差性形容词、中性形容词以及需要上下文确定极性的形容词外，中文里面剩余的形容词都处于正极性或者负极性。也就是说，中文里绝大部分的形容词都是极性的。这对于开展自动识别形容词极性的工作显然是非常有利的，因为相当于先验知识告诉人们现代汉语中绝大部分形容词都是正极性或者负极性。

### 3.4.4　特殊情况的处理

包含"不"或"有"的形容词无法与极性指示器"不"或"有点"构成查询串。比如，对于"不赖"而言"不不赖"在中文里面是不合理的。同样，对于"有点"而言，"有点有害""有点有效"也不是特别通顺。

---

① 此处之所以说"几乎"是因为两个原因：1. 分词和词性标注有可能出现错误；2. 不同的词性标注体系对形容词的界定不尽相同。比如，有时也把状态词看成是形容词，而状态词一般不受程度副词修饰。

对于这类特殊的形容词，需要采用规则进行修正，具体处理如下。

·如果一个形容词包含"不"，则判断是否为{"不赖""不俗""不错""不坏""不差"}中的元素，如果是则该单词极性为正，否则为负。

·如果一个形容词包含"有"，则判断是否为{"有害""有毒""有愧"}中的元素，如果是则该单词极性为负，否则为正。

此外，还有一些单词也无法直接加"不"或者"有点"进行修饰。在文献[100]和文献[101]中提到了多种词汇重叠，如"红红火火"（AABB）、"暗暗"（AA）、通红通红（ABAB）以及"啰里啰唆"（A 里 AB）等，详见表 3-6。可以认为这类词汇和它们对应的原始词汇（即"红火""暗""通红""啰唆"等）具有相同的极性。

### 3.4.5 构建测试集

本书提出的极性判定方法不需要训练语料，因此只需构建测试集。

为了构建测试集，采用两个中文情感词表：HowNet 情感词表 [①] 和 NTUSD（NTU Sentiment Dictionary）。这两个词表都包含了正负极性的词项。HowNet 本身是中文本体词典，HowNet 情感词表是在本体词典的基础上构建而成。NTUSD 的构建则是根据初始的人工标注种子词表（来自中文同义词词典），通过 Sinica Bilingual Ontological WordNet[87] 自动扩充而成。

对两个词表使用 ICTCLAS 进行分词和词性标注，并采用了 PKU 规范 [95]。然后将两个词表中的形容词交集作为实验的测试集 [②]。该测试集包含 720 个中文形容词，其中 339 个正极性词，381 个负极性词。之所以采用两个词表的交集来构建测试集是为了保证极性标注的质量。

### 3.4.6 与 Turney 方法的比较

1. 正确率的比较

通过实验，本书比较了三种汉语形容词极性判定方式，如表 3-13 所示。

（1）Turney（2）：采用 Turney 和 Littman（2003）的方法，并使用两个极性范例词："出色""糟糕"。

（2）Turney（20）：采用 Turney 和 Littman（2003）的方法，使用文献[31]中的 20 个极性范例词。

---

① http://www.keenage.com/download/sentiment.rar。

② 如果一个形容词被 ICTCLAS 分词，则不放入测试集。

（3）Ours：本书的方法，见 3.4.2 节。

在文献 [26] 中使用的 AltaVista 搜索引擎目前已经不再支持 NEAR 运算符，因此实验中采用一个在线中文语料。该在线中文语料支持各种查询运算符，如 NEAR 和精确匹配等。这也可以看成是在对中文形容词极性判定时本书方法的优势，因为想要找到一个同时包括大规模中文语料且支持 NEAR 运算符（Turney 方法所需的）的搜索引擎并不是十分容易。测试集中的形容词会按照 SO-PMI-IR 绝对值降序排列。比如，表 3-13 中的第三列说明，排在前面的 75% 被分类，而最后面的 25% 被忽略。

表 3-13　与 Turney 方法的比较：正确率

| 占整个测试集的百分比 | 测试集中形容词数目 | Acc@Turney（2） | Acc@Turney（20） | Acc@Ours |
|---|---|---|---|---|
| 100% | 720 | 0.684 7 | 0.822 2 | 0.804 2 |
| 75% | 540 | 0.592 6 | 0.864 8 | 0.868 5 |
| 50% | 360 | 0.652 8 | 0.933 3 | 0.880 6 |
| 25% | 180 | 0.833 3 | 0.900 0 | 0.966 7 |

在表 3-13 中，本书的方法比 Turney（2）好，与 Turney（20）相当。不过要注意 Turney（20）需要 20 个精心选择的范例词。Turney（2）和 Turney（20）之间的差异表示选择范例词对该方法的影响很大。根据文献 [26]，极性范例词是通过经验选择，且基于反义词对（如 good/bad、nice/nasty、excellent/poor 等）。极性范例词的选择是主观的，也可能被研究人员的知识甚至语料的风格影响。与此对照，本书的方法中的极性指示器只有两个词，并且不受研究人员或语料差异的影响。

2. 噪声分析

尽管 Turney（20）和本书的方法有着相似的性能，当降低被分类测试集的百分比时，Tunery（20）方法的正确率 [ 见表 3-13 中的 Acc@Turney（20）行 ] 并没有随之单调上升。这说明 Turney 方法中 SO-PMI-IR 的绝对值不再是分类可靠性的良好指示。Turney 和 Littman（2003）也指出，当语料规模较小时会出现这种现象 [26]。接下来，就对此进行进一步的分析。

为了降低数据稀疏的影响，将那些在两个极性上的查询串都返回零命中的形容词去除。对于 Turney（20），692 个形容词至少有一个来自某极性的非零命中数。根据本书的方法，有 654 个形容词。其中公共的形容词数目是 631 个，作为新的

◎ 汉语情感词表自动构建方法及应用研究

测试集。表 3–14 显示测试集大小（根据 SO–PMI–IR 的绝对值选择）和正确率之间的关系。与前面的设置相同，测试集中的形容词也按照 SO–PMI–IR 的绝对值降序排序；当测试集的比率为 10% 时，表明只有前 10% 的形容词被分类。

表 3–14　与 Turney 方法的比较：噪声分析

| 测试集合比率 | 测试集合比率 | Acc@Turney（20） | Acc@Ours |
| --- | --- | --- | --- |
| 100% | 631 | 0.836 8 | 0.822 5 |
| 90% | 567 | 0.866 0 | 0.862 4 |
| 80% | 504 | 0.892 9 | 0.894 8 |
| 70% | 441 | 0.904 8 | 0.907 0 |
| 60% | 378 | 0.923 3 | 0.918 0 |
| 50% | 315 | 0.933 3 | 0.939 7 |
| 40% | 252 | 0.920 6 | 0.952 4 |
| 30% | 189 | 0.910 1 | 0.952 4 |
| 20% | 126 | 0.888 9 | 0.960 3 |
| 10% | 63 | 0.952 4 | 0.968 3 |

在表 3–14 中，第 3 和第 4 列分别是 Turney（20）方法和本书方法的正确率列表。从上到下可以看出，本书的方法对应的列表单调上升，而 Turney（20）方法对应的列表则出现了较大的波动。

两个正确率列表的趋势差异可以通过两种方法在构建查询串时选择上下文的差异来解释。本书的方法只考虑相邻的词，这就排除了由于远距离共现引入的噪声。与此对照，Turney 的方法采用 NEAR 运算符，它允许 10 个单词内的共现。因此，对于 Turney 的方法，"他富有但是却很愚蠢""真实还是虚假？""相机很难看，居然还不便宜"都是噪声，因为一个正极性词和一个负极性词出现在宽度为 10 个单词的共现窗口内。本书的方法则不受这些噪声的影响，因为在构建查询串的时候，极性指示器（"不"和"有点"）都是直接被放置在被判定形容词的前面，与之邻接。

因此，采用本书的方法，SO–PMI–IR 的绝对值总是极性分类可靠性的良好指示。在 3.4.8 节中，会进一步量化分析 SO–PMI–IR 绝对值和正确率的关系。

### 3.4.7　不同搜索引擎和不同语料规模上的实验

所选择的搜索引擎包括：Baidu①、Jike②、Sogou③、Yahoo④和 AltaVista⑤。实验结果令人满意，同时也显示了方法的稳定性，详见表 3-15。

表 3-15　不同搜索引擎的对比

| 测试集百分比 | 100% | 75% | 50% | 25% |
|---|---|---|---|---|
| 测试集大小 | 720 | 540 | 360 | 180 |
| Acc@Baidu | 0.869 4 | 0.940 7 | 0.963 9 | 0.983 3 |
| Acc@Jike | 0.863 9 | 0.933 3 | 0.952 8 | 0.966 7 |
| Acc@Sogou | 0.822 2 | 0.888 9 | 0.936 1 | 0.961 1 |
| Acc@Yahoo | 0.841 7 | 0.918 5 | 0.958 3 | 0.994 4 |
| Acc@AltaVista | 0.837 5 | 0.892 6 | 0.919 4 | 0.955 6 |

尽管百度是世界上最大的中文搜索引擎，但它返回的命中数有上限（100 000 000），因此有时很难获得准确的命中数（尤其是高频词）。这里，采用 http://www.jikesoso.cn/ 作为默认的搜索引擎，因为它总能返回准确的命中数，并且拥有较大规模的中文语料。

人们可以通过在查询串中添加"site : SiteName"来限制语料的规模，即限定搜索引擎只返回域名"SiteName"上的网页结果。实验中用到三个 SiteNames，它们是"sina.com.cn"（约 1.6 亿个页面）、"163.com"（约 4 200 万个页面）和"tianya.cn"（约 1 000 万个页面）。再加上不受限制的 Jike 语料（约 130 亿页面），总共有 4 个不同规模的语料。结果比较如表 3-16 所示。

---

① http://www.baidu.com。

② http://www.jikesoso.cn/。

③ http://www.sogou.com。

④ http://www.yahoo.com。

⑤ http://www.altavista.digitod.com。

表 3-16  本书方法在不同语料规模的结果

| 测试集百分比 | 100% | 75% | 50% | 25% |
|---|---|---|---|---|
| 测试集大小 | 720 | 540 | 360 | 180 |
| Acc@130 亿页面 | 0.863 9 | 0.933 3 | 0.952 8 | 0.966 7 |
| Acc@1.6 亿个页面 | 0.877 8 | 0.935 2 | 0.961 1 | 0.977 8 |
| Acc@4 200 万个页面 | 0.865 3 | 0.916 7 | 0.947 2 | 0.955 6 |
| Acc@1 000 万个页面 | 0.862 5 | 0.920 4 | 0.952 8 | 0.983 3 |

从表 3-16 能看出，语料规模对于正确率的影响并不大。在文献 [26] 中，作者给出了在 General Inquirer（GI）词表上的实验结果，并且使用了不同的实验设置，因此无法直接和本书的方法进行比较。但是，当他们将语料规模从 3.5 亿个页面降低到 700 万个页面的时候，正确率显著下降。

### 3.4.8  SO-PMI-IR 绝对值和正确率之间的关系

对于本书的方法，通过 3.4.6 节的分析可知，SO-PMI-IR 的绝对值可以很好地指示分类准确率。在本节中，进一步分析当获得某个中文形容词的 SO-PMI-IR 的时候，能够有多大把握相信极性分类是正确的。

图 3-4 是基于在 Jike 搜索引擎上的实验（见表 3-15 中的 Acc@Jike 行）。当 SO-PMI-IR 的绝对值变大的时候，测试集的规模会变小。如果 SO-PMI-IR 的绝对值大于 1，则测试集中至少有 90% 的单词被正确分类。如果 SO-PMI-IR 的绝对值大于 2，则测试集中至少有 94% 的单词被正确分类。此时，测试集中仍然有 500 个形容词，占了完整测试集的 70%。说明本书的方法具有良好的性能，具备了较强的实用性。

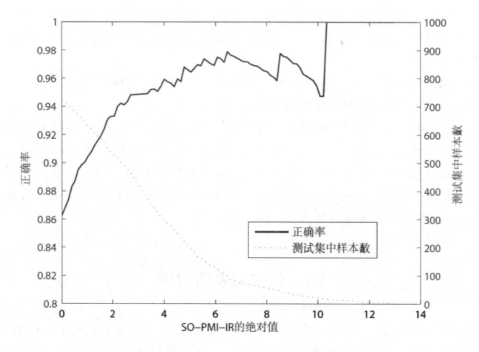

图 3-4　SO-PMI-IR 绝对值和正确率之间的关系

在图 3-4 中，正确率曲线最初随着 SO-PMI-IR 绝对值的变大单调上升。当 SO-PMI-IR 绝对值大于 6 的时候，正确率曲线出现波动。这是因为此时测试集已经很小，对于错误分类相当敏感。尽管如此，正确率仍然在 94% 以上。

笔者在其他的实验设置（不同的搜索引擎，不同的测试集）中也观察到了图 3-4 中的趋势。与文献 [26] 中的方法相比，本书方法中的 SO-PMI-IR 绝对值无论在大规模语料（图 3-4）还是小规模语料中（表 3-14）都是分类正确率的可靠指示，这样就可以通过 SO-PMI-IR 的绝对值来选择满足实际要求的高质量极性形容词。

### 3.4.9　小结

本节的工作主要从语言学的角度来考察极性的非对称性，并将这些非对称性应用到自然语言处理的情感分析中。本工作的优点归纳如下。

（1）方法实现简单，对于中文形容词的极性分类具有较高正确率。

（2）与文献 [26] 的工作不同，本书的方法不要求搜索引擎支持 NEAR 运算符。该运算符要求搜索引擎能够考虑 10 个单词内的共现。

（3）本书的方法不考虑远距离的共现，这样就去除了由于使用 NEAR 运算符 [26] 所引入的噪声。因此，SO-PMI-IR 的绝对值总能够很好地指示极性分类的可靠性。

（4）只使用两个极性指示器（"不"和"有点"），避免了文献 [26，31，103] 工作中靠经验选择范例词所带来的不确定影响。

接下来，需要着手处理的是动词的极性问题。因为形容词和动词在句法特征上较为相似。比如，"支持"同样可以前接"非常"等程度修饰词。另外，也注意到很多的名词可以充当极性词，比如"天才""垃圾""蠢货"等。名词的语法特征与形容词或动词有着很大的差别，对名词的极性研究能够完善极性词表的构建，从而涵盖主要的实义词。

## 3.5 情绪词表的构建

对于中文而言，情绪词表是稀缺资源。通常，可以从语义词典（如 CCD、HowNet、同义词词林）获得一些情绪词，或者直接使用他人发表论文中列举的情绪词 [13，118]。但是，这些情绪词对于实际的系统而言都不够充分。Xu 等人（2008）构建了一个大规模的情感词本体词典，但是并没有公开 [14]。

本章的内容是关于如何建立情绪词表。为了构建公用的中文情绪词表，笔者采用了一个基于图的算法，该算法根据一些种子情绪词来对单词进行评级（ranking）。评级算法利用了单词之间的相似度，并且采用多种资源构造不同性质的相似度。这些相似度可以来自词典、无标注语料或是启发式规则。为了评估评级性能，两个独立的评判者对单词评级列表中前 200 个单词进行了人工标注。

笔者注意到，由于相似度中的不准确性，噪声在所难免。因此，为了保证情绪词表的质量，本书将人工的标注和自动的评级结合起来。笔者也将所构建的中文情绪词表（喜怒哀惧惊）和已有的情绪资源进行比较，并做相关分析。

虽然实验只是针对中文，但是只要存在相应的语言资源，所提出的方法同样适用于其他的语言。

### 3.5.1 采用多资源的半监督方法

1. 基于图的算法

本书选择了一个基于图的算法 [119]，该方法是直推（transductive）流形学习方法，描述如下。

给定样本点集合 $X = \{x_1, \cdots, x_l, x_{l+1}, \cdots, x_n\}$，前 $l$ 个样本点 $x_i (i \leqslant l)$ 是有标注的，其余 $x_u (l+1 \leqslant u \leqslant n)$ 是无标注的，目标是对无标注的样本点进行评级。

令 $F$ 表示 $n$ 维向量，其元素对应 $X$ 中样本点的评级分数。定义另一个 $n$ 维向量 $Y$，如果 $x_i$ 是有标注样本点，则 $Y_i = 1$，否则 $Y_i = 0$。$Y$ 表示初始的标注情况。

算法 3 基于图的算法

（1）构建权重矩阵 $W$ 并且令 $W_{ii}$ 为 0，以避免自我加强（self-reinforcement）。$W$ 是领域相关的。

（2）使用对称归一化构建相似度矩阵 $S = D^{-1/2} W D^{-1/2}$。$D$ 是对角线矩阵，其中 $D_{ii} = \Sigma_j W_{ij}$

（3）迭代计算 $F(t+1) = \alpha S F(t) + (1-\alpha)Y$ 直到收敛，其中 $\alpha$ 是 (0，1) 区间的常数，$F(0)=Y$。可以在每次迭代的时候将有标注样本点的元素值固定为 1。

（4）$F^*$ 表示 $F(t)$ 收敛时的结果。

该迭代算法如算法 3 所示。在实验中，有标注的样本点就是情绪种子词，$S_{ij}$ 表示第 $i$ 个单词和第 $j$ 个单词之间的相似度。在一次迭代中，每个单词吸收其他相邻单词的标记信息。如果两个单词越相似，则它们之间的相互影响越大。标记信息（最初来自情绪种子词）将会沿着图 $S$ 传播。最终的输出 $F^*$ 包含所有单词的评级分数，而分数表明对应的单词和情绪种子词的相似性。

该迭代算法实现简单，仅仅包含基本的矩阵运算。和那些不利用样本间关系的方法比较，当有标注样本较少时，这样的流形学习方法特别有效 [39, 40, 102, 120, 121]。

2. 多种资源的引入

为了构建情绪词表，可以采用许多资源，诸如语义词典、大规模语料以及一些可以被表示成启发式规则的语言学经验。在基于图的设置下，各种资源能够被用来构建单词之间的相似度，而这些相似度将被表示成矩阵的形式。

将相似度矩阵进行融合的方案如文献 [102][120][122][123] 等文章中所述。笔者并不关注不同融合方案的比较，因此在实验中采用了一种简单的方式对来自不同资源的不同相似度矩阵进行融合。该方案是各个矩阵的线性组合，其中的权重根据经验确定。

对不同的相似度矩阵的融合属于多视图学习的范畴 [102, 120, 122, 123, 124]。众所周知的多视图学习方法是协同训练（Go-Training），该方法使用两个视图（两种资源）来训练两个交互的分类器 [124]。

### 3.5.2　实验

本实验采用 3.5.1 节的方法对每种情绪进行评级。一旦实现了算法 3，剩下的工作主要就是构建领域相关的各种相似度矩阵。

1. 构建相似度矩阵

在本节，介绍如何构建 4 个不同的相似度矩阵。其中 3 个是基于单词的共现，第 4 个来自启发式的规则。

使用 ICTCLAS3.0 软件包进行分词和词性标注。

在实验中，单词的数目是 93 506[①] 个，因此，理论上矩阵的维度是 93 506×93 506。如果考虑任意单词对之间的相似度，在计算时间和存储空间上都是不实际的，因此限制每个单词最多有 500 个相邻单词。

所需的 4 个相似度矩阵构建如下。

（1）基于无标注语料的相似度矩阵。所使用的无标注语料来源于人民日报（1997—2004）。在分词和词性标注后，选择三种词性（i,a,l）[②]。名词没有被包含进来的原因是为了限制单词空间的规模。共现的窗口设置为一个句子，在一个句子中的任意单词对将会为相应的边贡献一个单位的权重。

（2）基于同义词词典的相似度矩阵。使用《哈工大同义词词林扩展版》[③]来构建这个矩阵。在这个词典中，同义词集合中的单词出现在同一行并由空格隔开，因此省去了分词和词性标注。在一行中的任意单词对将会为相应的边贡献一个单位的权重。

（3）基于语义词典的相似度矩阵。使用《现代汉语词典》来构建第 3 个相似度矩阵。由于分词软件可能会切分词典中的词条，为了避免此类问题，本书将词条设置为不可切分。此外，对于词典中的每个词条，出现在注释中的例句和例子短语可能包含许多与情绪不相关的单词，因此把这些例句和例子短语从注释中去除。在对注释分词和词性标注后，将共现窗口设置为一行（包括一个词条以及不含例句和例子短语的注释部分），并且去除单词的重复出现。一个词条和出现在删减过的注释中的任意一个单词构成一个单词对，为相应的边贡献一个单位的权重。这个矩阵的构建与前面的稍有不同，因为该矩阵不考虑注释中单词之间的相似性。

（4）基于启发式规则的相似度矩阵。在中文里，单词是由一个或者多个汉

---

① 在选择单词前先进行分词和词性标注，单词的选择详见相似度矩阵的构建过程。

② i 代表中文成语，a 代表形容词，l 代表中文短语。

③ http://ir.hit.edu.cn/。

字组成的。一个汉字通常本身就是独立的语义单位，因此两个单词之间的相似性可以通过它们所共享的汉字进行推断。比如，汉字"欣"和"欣然"共享一个汉字，因此可以推测两者有相似的语义。通常，两个单词重合的汉字越多则这两个单词越相似。按照这种方式，构建出第 4 个矩阵。为了避免引入噪声，排除了那些只共享一个汉字的情况，除非其中一个单词本身就是一个汉字。

在如上 4 个矩阵被构建之后，对这些矩阵按照算法 3 中的步骤进行归一化，然后采用等权重对 4 个矩阵进行线性的融合。

2. 选择情绪种子词

在实验中，选择了"喜、怒、哀、惧、惊"五种情绪，这五种情绪通常被认为是基本的情绪[①]。通过人工的方式，对每种情绪选择若干情绪种子词，如表 3-17 所示。

表 3-17　情绪种子词

| 情绪 | 种子词 |
| --- | --- |
| 喜（happiness） | 高兴、愉快、欢乐、喜悦、兴高采烈、欢畅、开心 |
| 怒（anger） | 愤怒、不满、恼火、生气、愤恨、恼怒、愤懑、震怒、悲愤、窝火、痛恨、恨之入骨、义愤填膺、怒气冲天 |
| 哀（sadness） | 悲伤、沮丧、痛苦、伤心、难过、悲哀、难受、消沉、灰心丧气、悲戚、闷闷不乐、哀伤、悲愤、悲切、悲痛欲绝、欲哭无泪 |
| 惧（fear） | 恐惧、惧怕、担心、提心吊胆、害怕、惊恐、疑惧、畏惧、不寒而栗、望而生畏 |
| 惊（surprise） | 惊讶、大吃一惊、震惊、惊恐、惊异、惊骇、惊、出乎意料、惊喜、惊叹 |

3. 方法评估

使用 3.5.1 节中的方法，获得了五个情感词表（喜、怒、哀、惧、惊）。参照 Riloff 和 Shepherd（1997）的工作，采用如下的评估方式。

为了评估情绪列表的质量，每个列表由两个独立的评判者评价打分。对于每种情绪，选择评级列表的前 200 个单词，并提交给评判者。

提交给评判者的单词是随机排列的，以便评判者不受排列顺序的影响。评判者被要求对每个单词进行打分，分数为 0 到 5 的整数，表示这个单词和某情绪的相关程度。0 表示没有关联。允许用户对不认识的单词标记为 -1。对于被标记为 -1 的单词，笔者通过词典进行分数的分配。

评判者的评分结果如图 3-5 所示。在这些图中，横坐标是评级列表中被打

---

① 判别情绪的准则在 3.5.3 节会给出，目前，按照常识理解这情绪的含义。

分单词的数目，纵坐标是情绪词的数目（有五种不同强度的情绪词）。标记为 >x 的曲线意味着该曲线统计那些分值大于 x 的单词（单词的分数大于 x，意味着所有的评判者都给出大于 x 的分数）。

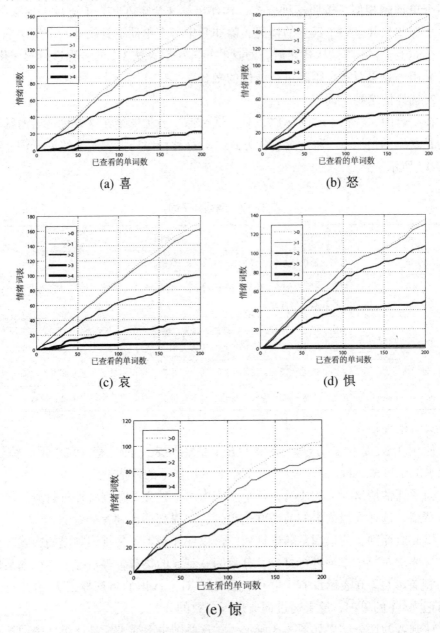

图 3-5　情绪评级列表的趋势图

曲线（>0，>1，>2）表现向右上的倾斜，即便在横坐标的右侧末端这种趋势也较为明显。这说明如果考察更多的单词，应该依然有更多的情绪词出现。与之形成对比，曲线（>3，>4）在靠近横坐标右侧的时候变得平坦，这说明此时识别出高质量的情绪词的可能性越来越小。

值得注意的是，同时被两个评判者标为 5 的单词很少，在"惊"这个情绪中甚至为 0①。这个结果反映了情绪的识别是比主题概念识别 [23] 更为复杂的问题。

从语义词典中，本书的方法发现了许多低频的情绪词，如"忭""蓬然""㤔怛"等；或是那些在地方话中使用的词语，如"毛咕""挂气"等。这些情绪词对于一个全面的情绪词表是必要的。

由于不仅限于形容词和动词，在实验中一些名词（冷门）、副词（竟然）也被检测出来。

### 3.5.3　构建情绪词表

之前部分介绍了根据一些种子情绪词对单词进行评级的方法。然而，构建情绪词表需要人工对自动方法引入的噪声进行排除。相应地，需要给出识别情绪的准则，同时也需要在识别情绪的过程中做一些语言学的考虑。

1. 迭代反馈的去噪方法

在实验中，笔者发现了一些由于相似度矩阵引入的噪声。比如，在无标注语料中，"国事访问"总是和"高兴"或"愉快"共现，因此在"喜"这个情绪中，"国事访问"的排名很高（第 174）；就启发式规则而言，"意料"和"出乎意料"共享两个汉字，但是由于否定词"出乎"的存在，它们的含义正好相反；对于语义词典而言，"年画"词条的注释中包含着"欢乐"，所以在"喜"的情绪列表中，"年画"排名较高（第 158）。

为了消除噪声，在每次评级后，以评级分数从大到小的顺序，人工对前 500 个单词进行校对。采用若干标准来判断（详见 3.5.3 节）是否一个单词具有特定的情绪。对于那些明确包含某个情绪的单词，赋值 1；对于其他的保持评级分数不变。然后把分数被修改为 1 的单词看成是新增加的情绪种子词，再次执行评级算法。在如此重复 2~3 次之后，收集所有分数为 1 的单词作为最终的情绪词列表。通常，情绪词列表的规模都不大，因此不需要人工检查太多的单词。

---

① 碰巧的是，"惊"是否是情绪也是一个有争议的问题。

此外，评级算法的结果受到初始的种子集合的影响。不过，由于采用了迭代反馈的框架，那些没有出现在种子词集合中的情绪词通常会在评级后获得较高分数，从而被选择作为新的种子词。笔者也使用《同义词词林》以及文献[118] 中的词作为情绪种子词，结果基本相似。

2. 选择情绪的标准

参照文献 [16] 中提出的情绪词典模型，使用情绪状态（Affective states）和情绪行为状态（Affective-Behavioral conditions）来识别情绪词①。

根据这些准则，"胆小"不是"惧"的情绪词，因为它更多地和外部评价相关，而不是指心理状态。

区别情绪和情绪的表达。"大笑""哈哈"被看成是"喜"的表达，而"颤抖"被看成是"惊"的表达，但情绪的表达并不是情绪本身。

此外，对于每一种情绪，简单定义如下。

（1）喜：对于令人满意的事情的情绪反应。

（2）怒：不满意当前的状态，想要战斗或者改变目前的状态。通常有一个愤怒的对象。

（3）哀：感受到无助、失落、不利导致的情绪。"哀"常导致哭泣。

（4）惧：感知到威胁而产生的情绪。"惧"总是和将来的事件联系在一起，如情况的恶化、糟糕情况的持续等。

（5）惊：对于出乎意料事情的情绪反应。

3. 识别情绪词的语言学考虑

如果一个词有多个语义，则只考虑其含有情绪的语义。比如，"生气"作为动词意味着"愤怒"，而作为名词其含义并非情绪。因此，"生气"会出现在"怒"的词表中。如果单词的语义是情绪的组合，该单词会出现在每一个有关情绪词表中，比如，"惊喜"会出现在"惊"和"喜"的情绪列表中。

本书主要考虑 4 种词性，即名词、动词、形容词和副词。如果一个词有多个词性，通常考虑最强情绪的那个词性（经验性地认为情绪的强度按照形容词、动词、副词以及名词排序）。这样，考虑"恐惧"这个词的时候是考虑其动词而非名词。此外，前面的"生气"的例子也适用于这种情况。

对于这 4 种词性，采用的情绪识别的原则如下。

名词："怒火""喜气""冷门"被选择作为种子词。区别情绪和情绪的原

---

① 根据文献 [16]，"惊"不应该被看成是情绪，因为该词更多地和认知相关，而非情绪。然而，本书主要关注词表的构建，仍将"惊"看作情绪。

因。比如说，"灾难"导致悲伤，但是"灾难"不被包含在"哀"的词表中。"冷门"则出现在"惊"的词表中，因为它包含"惊"的含义。

副词：副词必须本身蕴含相应的情绪。比如，"竟然""欣欣然""气哼哼""蓦地""伤心地"等。

动词：如文献 [16] 所述，中文情绪动词也分为两个不同的类，引起性（causatives）和非引起性（noncausatives）。两类动词都出现在词表中。比如，"动肝火""担心"是非引起性动词，而"激怒""震惊"是引起性动词。可能由于中文里"令人 / 让人 / 使人"的大量使用，引起性的情绪动词相对于非引起性的要少很多。

形容词：大量的情绪词是形容词，因为形容词是人的心理状态的自然表达。比如说，"高兴""惊讶""愤怒"等。

对于那些无法立刻进行判定的单词，使用北京大学汉语语言学研究中心提供的搜索工具来检索包含该单词的句子，然后根据返回的句子判断该单词是否存在情绪的语义。

4. 与现有的中文情绪资源比较

本实验最终构建了 5 个情绪词表，并作为公开的资源。"惊"的情绪词表如表 3-18 所示。本节将所构建情绪词表和一些中文情绪词表进行比较，如表 3-19 所示。

表 3-18　"惊"的情绪词表

| 诧、骇、惊、讶、矍、蹙、愕、遽、骇然、赫然、竟然、居然、蓦然、愕然、愣然、矍然、爆冷、爆冷门、不料、不意、不虞、诧异、吃惊、出乎意料、出乎意外、出乎预料、出冷门、出其不意、出人意料、出人意料、触目惊心、错愕、大吃一惊、大惊失色、大惊小怪、怪讶、骇怪、骇然、骇人听闻、骇异、好家伙、赫然、赫然而怒、黑马、惊诧、惊呆、惊服、惊骇、惊慌、惊慌失措、惊惶、惊惶失措、惊魂未定、惊悸、惊惧、惊恐、惊恐万状、惊奇、惊人、惊世骇俗、惊叹、惊悉、惊喜、惊喜交集、惊喜万分、惊吓、惊羡、惊讶、惊疑、惊异、惊厥、惊愕、竟然、竟是、竟至、竟自、居然、冷不丁、冷不防、冷孤丁、冷门、没承想、猛不防、猛不丁地、纳罕、始料不及、始料未及、受宠若惊、受惊、谁料、谁知、突如其来、未料、闻所未闻、想不到、心惊、心惊胆战、心惊胆战、讶异、一语惊人、意料之外、意外、意想不到、又惊又喜、震惊、蓦地 |
| --- |

表 3-19　情绪词表的比较

|  | 喜 | 怒 | 哀 | 惧 | 惊 |
| --- | --- | --- | --- | --- | --- |
| CCD 的情绪词集 | 22 | 27 | 38 | 46 | 10 |
| Xu 和 Tao（2003） | 45 | 12 | 28 | 21 | 12 |

| | 喜 | 怒 | 哀 | 惧 | 惊 |
|---|---|---|---|---|---|
| Chen 等人（2009） | 28 | 34 | 28 | 17 | 11 |
| Xu 等人（2008） | 609 | 187 | 362 | 182 | 47 |
| Ours1 | 95 | 118 | 97 | 106 | 99 |
| Ours2 | 52 | 77 | 72 | 57 | 65 |

在表 3-19 中，Ours1 是所构建的最终情绪词表，Ours2 是去除了单字词和成语的删减版本。

中文概念词典（CCD：Chinese Concept Dictionary）是类似 WordNet 的语义词典 [125]。由于名词语义网络是 CCD 中比较成熟的部分，因此只考虑其中的名词部分。对于每种情绪，选择它的同义词集（synset）以及上位词（hypernym）和下位词（hyponym）的同义词集。事实上，所抽取的大多数情绪名词在中文里都可以被用作形容词和动词。不过，由于 CCD 不是专门针对情绪分析设计的词典，诸如情绪的表达（如"哭泣"）和评价词（如"胆小"）也被收录进来。

从名词和动词中，Xu 和 Tao（2003）选择并提供了一个含有 390 个情绪词的分类体系 [13]。这个分类体系包含了 24 类情绪，并排除了中文成语。根据观察，作者试图排除情绪的表达、评价词以及情绪的原因，这点与笔者的处理十分类似①。Ours2 是专门用来和该词表进行比较的。

基于文献 [13]，Chen 等人（2009）将其中的单字词移除，并重新让两个人判断是否一个词是情绪词 [118]。只有当两个人同时认为这是情绪词时才确定该单词为情绪词。值得注意的是，文献 [118] 将文献 [13] 中的"怒"和"烦"合并为"怒"词表，这样"讨厌"就出现在"怒"的词表中。然而，笔者认为"讨厌"和"怒"是有区别的，应该放入不同的情绪词列表，同时也应该区别"恨"和"怒"的概念。

Xu 等人（2008）构建了一个大规模的情感词本体库。基于其文章中出现的例子单词，发现他们并没有排除情感表达（如"面红耳赤""笑眯眯"）等情感关联概念。这种识别情感词的宽松标准可能导致了其词典规模较为庞大。

---

① Xu 和 Tao（2003）在"喜"的词表中包括诸如"情愿 / 愿意""留神" [13]，笔者认为这些单词不应属于"喜"这一类。

### 3.5.4　小结

在本节中，为了构建中文情绪词表，采用了基于图的算法，并利用多种资源来提高词表的质量。该工作是构建中文情绪词表的初步尝试，情绪词表还有待扩充和改进。在将来的工作中，可能会采用类似的方法构建诸如"好""恶""欲"等情感词表。

# 第4章  情感词的搭配研究

针对情感词表中的单词，找出其常见的搭配是一项有意义的工作。比如，对于"悦耳"，希望能够将"歌声""声音""笑声"等列举出来。这些搭配可以作为语言知识库，辅助对该词的理解；也可在构建情感词和搭配的关系后，进行情感词的聚类等处理。

本章的工作重点是对任意一个情感词找出其搭配集合。对于一个情感词而言，其搭配可能是单个单词，也可能是多个单词的序列（其中单词不一定邻接）。在本章中，采用 Skip-Bigram 集合来表示序列，采用 Apriori 算法抽取高频序列，使得序列的抽取更为灵活、简单。Skip-Bigram 可以看成是常规 Bigram 的扩展，允许两个单词之间有间隔。

## 4.1  搭配的表达和抽取

首先，笔者采用 Skip-Bigram 集合来表达搭配序列，这样做是出于以下的考虑。

（1）在一个 Bigram 中的两个单词之间往往都可以插入单词。比如，"建设 /v 祖国 /n"就可以插入新的单词变成"建设 /v 我们 /r 的 /u 祖国 /n""建设 /v 我们 /r 伟大 /a 的 /u 祖国 /n"等。这说明，Bigram 中两个元素可以间隔 0 到多个单词，并不影响该 Bigram 中两个单词所构成的语义。因此对于单词的关系而言，采用 Skip-Bigram 更为合理。

（2）可以用 Skip-Bigram 集合恢复出原始的单词序列。比如，假设现在有 3 个 Skip-Bigrams，分别是"心里 /s 很 /d""心里 /s 高兴 /a""很 /d 高兴 /a"，那么可以根据任意两个单词的顺序，恢复出"心里 /s 很 /d 高兴 /a"这个原始的单词序列。这说明，可以用 Skip-Bigram 集合代替单词的序列，而这种替代并不减少语义信息，尤其是蕴含在序列中的顺序信息。

（3）根据文献 [126]，Skip-Bigram 相对于 Bigram 可以提高覆盖率大约 10% 以上，这在一定程度上能够缓解数据稀疏问题。

（4）可以方便地计算两个序列之间的相似度。比如，Lin 和 Och（2004）利用 Skip-Bigram 集合在机器翻译中计算句子之间的相似度 [127]。这种用集合表示序列的方法，便于引入词汇知识。

其次，为了得到情感词的常见搭配集合，本书采用如下方法：

（1）将单词序列（可以是句子、短语）转换成为 Skip-Bigram 集合；

（2）采用 Apriori 算法，找出高频的 Skip-Bigram 集合；

（3）对找出的高频 Skip-Bigram 集合进行过滤，去除不满足要求的 Skip-Bigram 集合；

（4）用过滤后的 Skip-Bigram 集合恢复成序列，得到搭配的集合。

最后，讨论如何在序列和 Skip-Bigram 集合之间相互转换，并结合 Apriori 算法抽取出搭配序列。

## 4.2　用 Skip-Bigram 集合表示单词序列

### 4.2.1　Skip-Bigram 集合（SBGSet）

Skip-gram 是对 n-gram 的扩展，它允许单词之间有间隔。在文献 [126] 中，针对单词序列 $w_1, w_2, ..., w_m$，作者定义 $k$-skip-$n$-grams 为 $\left\{ w_{i1}, w_{i2}, ..., w_{in} \mid 0 < i_j - i_{j-1} \leqslant k+1 \right\}$。例如，"4-skip-2-gram" 的结果就是允许 4，3，2，1 以及 0 个间隔的 Bigram 的集合。间隔为 0 的 Skip-Bigram 也就是常规的 Bigram。

在本书的工作中，只考虑 Skip-Bigram（SBG），即不约束 $k$ 的 $k$-skip-2-gram。这是因为通过 Skip-Bigram 集合（SBGSet）能够组合出任意长度的序列。其中，一个 SBG 被表示成（word$_1$word$_2$）。

例如，对于如下的单词序列：手机价格很高。SBGSet 是 {（手机价格），（手机很），（手机高），（价格很），（价格高），（很高）}。此外，在大多数的情况下，可以通过 SBGSet 来恢复原始的序列。比如，给定该 SBGSet，单词序列 "手机价格很高" 可以被唯一地恢复出来。

此外，恢复出的序列中的单词可以不相邻。比如，SBGSet{（手机价格），（手机高），（价格高）} 可以被恢复成单词序列 "手机价格高"，其中 "价格"

和"高"在原始序列"手机价格很高"中并不相邻。这种性质有助于捕捉跨距离的单词依赖关系。

### 4.2.2 序列和 SBGSet 之间的转换

1. 从序列到 SBGSet

将单词序列转化成 SBGSet 是显而易见的。为了避免生成过大的 SBGSet，考虑到单词依赖的局部性，可以将间隔的数目限制在一定范围。

比如，对于产品特征抽取而言，通常一个产品特征的长度不会超过 4 个单词，并且相伴的评价词也会出现在这个范围之内，所以对于这个任务可以限制两个单词之间最多有三个间隔。

例如，对于单词序列"*abcdef*"（此处把一个字母看成是一个单词），所生成的 SBGSet 是 { （ *ab* ），（ *ac* ），（ *ad* ），（ *ae* ），（ *bc* ），（ *bd* ），（ *be* ），（ *bf* ），（ *cd* ），（ *ce* ），（ *cf* ），（ *de* ），（ *df* ），（ *ef* ）}。*a* 和 *f* 由于相隔超过三个单词，因此不生成（ *a*，*f* ）。

2. 从 SBGSet 到序列

定义 1：有效 SBGSet 是能够被唯一地转换成单词序列的 SBGSet，且不存在多余的 SBG。

有效 SBGSet 的必要条件是：

（1）存在一个整数 $m$，使得 SBGSet 中的元素个数为 $m \times (m-1)/2$。

（2）SBGSet 中项[①]的个数小于等于 $m$。如果在原始序列中存在多次出现的单词，则项的数目小于 $m$，否则等于 $m$。

以上的条件不能够保证一个 SBGSet 必定能够转换为一个单词序列。比如，{ （ *ab* ），（ *bc* ），（ *ca* ）} 作为一个 SBGSet 满足以上必要条件，但是无法被恢复成一个单词序列。

有效 SBGSet 的必要条件是用来排除那些无法恢复为单词序列的 SBGSet。对于满足必要条件的 SBGSet，考虑 SBGSet 中项目的所有排列（每个排列是一个序列），然后保留那些满足由 SBGSet 中的元素（每个元素是一个 SBG，表示了两个单词的顺序关系）所形成的顺序约束的排列。对于短序列，如产品特征等，这种处理的时间代价是可以接受的。

然而，也可能一个 SBGSet 被转换成多个单词序列，对此给出如下的定理。

定理 1：如果在一个单词序列中，最多只有一个单词出现多次，那么由这

---

① 如果一个单词出现多次，仍然被视为一项。

个单词序列产生的 SBGSet 可以唯一地恢复成原始的单词序列。

证明如下：

在满足前提的条件下，假定这个 SBGSet 能够被转换成两个不同的单词序列。此外，假设左部 $\omega_1$，$\omega_2$,…，$\omega_i$ 和右部 $\omega_j$,…，$\omega_{m-1}$，$\omega_m$ 由两个单词序列共享。

$$\omega_1, \ \omega_2,\cdots, \ \omega_i, \ \omega_x,\cdots, \ \omega_u, \ \omega_j,\cdots, \ \omega_{m-1}, \ \omega_m$$

$$\omega_1, \ \omega_2,\cdots, \ \omega_i, \ \omega_y,\cdots, \ \omega_v, \ \omega_j,\cdots, \ \omega_{m-1}, \ \omega_m$$

由于 $w_x$ 和 $w_y$ 是不同的单词，情况能够被分为两种类型：

（1）假设 $\omega_x$ 和 $\omega_y$ 在各自的序列中只出现一次。在这种情况下，SBG（$\omega_x \omega_y$）和 SBG（$\omega_y \omega_x$）都是给定 SBGSet 的元素，这说明 $\omega_x$ 和 $\omega_y$ 其中的一个必定出现多次，与假设冲突，所以这种情况不可能。

（2）$\omega_x$ 和 $\omega_y$ 中的一个在其所属的序列中出现多次。不失一般性，假设 $\omega_x$ 出现多次。这样，对于第一个序列，$\omega_y$ 应该出现在那个 $\omega_x$（指已经出现在序列中的那个 $\omega_x$）的右侧，所以第一个序列中 SBG（$\omega_x \omega_y$）的数目应该比第二个序列中 SBG（$\omega_x \omega_y$）的数目要多。这说明两个序列来自不同的 SBGSet，和已知矛盾，所以这个情况也不可能。

根据反证法，两种情况均不可能，定理得证。在一个单词序列中，当两个或更多的单词出现多次的时候，一个 SBGSet 有可能被转换成不同的单词序列。比如说，序列 "baab" 所生成的 SBGSet 是 {（b a），（b a），（b b），（a a），（a b），（a b）}。然而，这个 SBGSet 可以被转换成为两个序列："baab" 和 "abba"。

虽然从理论上来说存在这样的可能，但是当处理短序列的时候，这种可能性可以忽略不计。对于产品特征而言，两个或者更多的单词在其中同时出现多次从实际角度考虑是不可能发生的。因此，基于这样的考虑，对于短序列，总能够从其对应的 SBGSet 恢复出原始的序列。

另外一个问题可能会影响从 SBGSet 到单词序列的转换。有可能在一个 SBGSet 中的元素（即 SBG）本身相距很远，并没有直接的语义关联。比如说，假定有 SBGSet{（a b），（b c），（a c）}，它可以转换成单词序列 "abc"。然而，这三个 SBG（ab）、（bc）和（ac）可能出现在序列 "××××ab×××bc×××ac" 中，从而 "abc" 作为整体的语义关联性并不高。尽管这样的可能性存在，但是从实验结果来看，并没有发现这样的例子，因此忽略这种情况。

## 4.3　Apriori 算法

本节简单介绍 Apriori 算法，见算法 4。

Apriori 算法是找出所有高频项目集（itemset）的关联规则挖掘算法。在笔者的实验中，一个项目（item）就是一个 SBG。关联规则挖掘表示如下：令 $I=i_1$, $i_2$, $\cdots$, $i_n$ 是项目的集合，$D$ 是交易（transaction）的集合。每一个交易包含一个来自 $I$ 的项目子集。一个关联规则是形如 $X \to Y$ 的蕴涵式，其中 $X \subset I$, $Y \subset I$, $X \cap Y = \varnothing$。如果在 $D$ 上，支持 $X$ 的交易中的 $c\%$ 也支持 $Y$，则称规则 $X \to Y$ 在 $D$ 上保持有置信度 $c$。如果在 $D$ 上，$s\%$ 的交易支持 $X \cup Y$，则称规则 $X \to Y$ 在保持有支持度 $s$。关联规则挖掘的核心问题是要在指定置信度和支持度的要求下生成所有的关联规则。

Apriori 算法分两步工作。首先，它找出所有的满足用户指定的最低支持度的项目集合；然后从这些项目集合中生成关联规则。对于笔者的工作，只需要 Apriori 算法的第一步功能。

apriori-gen 过程首先由 $L_{k-1}$ 构成 $k$ 项目集候选，然后进行剪裁，依据的原则是：如果 $k-1$ 项目集不是高频的，则包含它的 $k$ 项目集也不是高频的，可以排除。

Algorithm 4 基于图的算法

1：$L_1 = 1 -$ 项目集；

2：for $(k = 2; L_k \neq \varnothing; k++)$ do begin

3：$C_k = \text{apriori} - \text{gen}(L_{k-1})$；// 新的候选

4：for all 交易 $t \in D$ do begin

5：$C_t = \text{subset}(C_k, t)$；// 候选包含在 $t$ 中

6：for all 候选 $c \in C_t$ do

7：c.count++;

8：end

9：$L_k = \{c \in C_k \mid c.\text{count} \geq \text{minsup}\}$

10：end

11：输出 $\bigcup_k L_k$

# 4.4　实例分析

## 4.4.1　情感词的选择

在选择情感词时，尽可能覆盖各种情感类型，如表 4-1 所示。对于极性，覆盖了正、负、中、上下文四种情况；对于情感种类，覆盖了情绪、评价、认知和欲望等；对于词性，覆盖了动词、形容词、名词三种常用于情感表达的词性。

表 4-1　范例情感词的选择

| 单词 | 情感类型 | 极性 | 词性 |
| --- | --- | --- | --- |
| 多 | 评价 | 上下文 | a |
| 高兴 | 情绪 | 正 | a |
| 惊讶 | 情绪（认知） | 中 | a |
| 笨蛋 | 评价 | 负 | n |
| 谴责 | 态度（行为） | 负 | v |
| 希望 | 欲望 | 中 | v |
| 悦耳 | 评价 | 正 | a |
| 可爱 | 评价 | 正 | a |

这样做的目的是为了比较不同种类的情感词在搭配上的差异。其中"悦耳"和"可爱"都是评价词，"悦耳"是对于属性的评价，而"可爱"主要是对于人的评价。选择这两个词是为了观察不同类型的评价词的差异。

实验的数据来源于 CCL1 中文网络语料库。对每一个情感词进行检索，下载所有命中的句子，并在此语料上按照 4.1 中介绍的方法抽取搭配序列。Apriori 算法的最小支持度设为 1%。

## 4.4.2　分析

所抽取的搭配序列由于数量较多，不在此列出，参见附录 A。附录中搭配序列采用固定的格式,比如,[悦耳/a 声音/n(65)]是情感词"悦耳/a"的一个搭配,其中"65"是在该搭配序列在语料中出现的次数。

对于采用的 SBGSet 表达的效果,分析如下。

可以找出长度可变的搭配,如表 4-2 所示。因为是为情感词抽取搭配,所以显示的结果中都包含情感词,也就是搭配串至少包含 2 个单词。最长的单词序列包含 4 个单词。

表4-2　可变长度的搭配序列示例

| 2 个单词的序列 | 3 个单词的序列 | 4 个单词的序列 |
| --- | --- | --- |
| 是/v 笨蛋/n(14) | 不/d 是/v 笨蛋/n(7) | 是/v 个/q 大/a 笨蛋/n(16) |
| 她/r 惊讶/a(98) | 惊讶/a 地/u 发现/v(110) | 令/v 惊讶/a 的/u 是/v(107) |
| 谴责/v 杀害/v(68) | 事件/n 表示/v 谴责/v(66) | 发表/v 声明/n 强烈/a 谴责/v(78) |
| 可爱/a 姑娘/n(108) | 一个/m 可爱/a 的/u(313) | 最/d 可爱/a 的/u 人/n(146) |
| 悦耳/a 声音/n(65) | 悦耳/a 的/u 歌声/n(20) | 清脆/a 悦耳/a 的/u 声音/n(10) |
| 最/d 多/a(443) | 越来越/d 多/a 的/u(424) | |

单词序列中单词允许不邻接,可以捕捉长距离的依赖结构。比如,[对/p 高兴/a(37)]、[对/p 谴责/v(71)]。这两个搭配包含非相邻的单词,其中的部分可以是任意长度的单词序列。类似的例子还有[令/v 惊讶/a(110)]。

对于所选择的各类情感词,分析如下。

(1)所考察的评价词有"可爱""悦耳"。"悦耳"常见的名词搭配有"声音、音乐、声、歌声、乐曲、嗓音、旋律、笑声",而"可爱"的名词搭配相对较少,因为"可爱"主要是形容人,很多搭配通过代词的形式出现,因此名词较少。另外,注意到评价词常常并列出现,比如"[活泼/a 可爱/a(221)]、[天真/a 可爱/a(119)]、[可敬/a 可爱/a(78)]"以及"[悦耳/a 动听/a(91)]、[清脆/a 悦耳/a(56)]、[悠扬/a 悦耳/a(33)]"中出现的评价共现。并且,并列的两个词汇的极性相同。在文献[21]中,作者认为通过连词相连的形容词存在极性上的约束,如果是用"and"连接则极性应该相同,而用"but"连接时极性应该相反。虽然,前面例子中形容词的共现没有出现连词,但是对于汉语可以看成是缺省"and"的情况,从而两个单词的极性相同。

(2)"惊讶""高兴"作为情绪,很少用来修饰实体,所以比较少和名词同时出现。常见的搭配是和"感到""表达"等动词搭配;此外还和"令人""使人"等搭配，表示这是人所发出的精神行为。另外，情绪总是伴随着行为，比如，"[ 惊讶 /a 地 /u 看 /v（133）]、[ 惊讶 /a 地 /u 说 /v（112）]、[ 惊讶 /a 地 /u 发现 /v（110）]"以及"[ 高兴 /a 地 /u 说 /v（44）]、[ 高兴 /a 地 /u 看到 /v（38）]"。这些行为往往是某些情绪下的典型行为，即情绪的引起和情绪的体现。

（3）情绪"惊讶""高兴"以及包含强烈情绪的言语行为"谴责"都有长距离的依赖结构，以捕捉情感要素（情感的持有者，情感的目标）。比如，[ 对 /p 高兴 /a（37）]、[ 对 /p 谴责 /v（71）]。对于这两个搭配而言，恰好是这两个情感的目标。而对于 [ 令 /v 高兴 /a（37）] 这个搭配，"令 /v"和"高兴 /a"之间的单词序列恰好是情绪的持有者。类似的例子还有 [ 令 /v 惊讶 /a（110）]。而在情感分析中，情感的持有者（holder）和情感的目标（target）的识别是一个非常重要的任务。

（4）"希望"是一个特殊情感词，它是一种"欲望"（desire），从极性上考虑应该属于中性。它的搭配结果包括 [ 希望 /v 加强 /v（779）]、[ 希望 /v 继续 /v（751）] 等被希望的行为，也包括 [ 希望 /v 通过 /p（720）] 这种被希望的手段，以及被希望参与行为的对象，如 [ 希望 /v 双方 /n（783）]、[ 希望 /v 中国 /n（796）]。在产品评论分析中，这种搭配的分析也是有用的。因为在用户或者潜在用户对产品评论的同时，他们也会提出自己的期望，希望产品在那些方面有所改进，这种信息对于产品制造者而言十分重要。

（5）"笨蛋"是名词，但常常被作为评价词使用。由于主要形容人，因此其搭配较多的是人称代词。常见的搭配序列主要是辅助构建评价，如 [ 你 /r 是 /v 笨蛋 /n（19）]、[ 是 /v 一个 /m 笨蛋 /n（18）] 等。作为名词评价词，其使用模式和形容词评价词有很大差异。对于形容词而言，其评价的对象往往在临近的地方。而名词作为评价词时，被评价的对象可能离评价词距离较远，甚至出现在前一个句子中。研究作为评价词的名词是未来工作的一个关注点。

（6）对于上下文极性词"多"，与之关联的高频名词并不多，仅仅有"人""中国"两个。这主要是因为"多"能够搭配的名词对象较多，使得每个名词对象的频率相对而言都不高，因此没有出现在最终的搭配结果中。

此外，总体上还观察到了一些现象，分析如下。

（1）人称代词的大量出现。在以上情感词的搭配中，出现了大量的人称代词。这个现象和第 3 章中的理论是一致的。Benveniste（1958）指出人称代词是诱导出语言中主观性的第一步 [92]。人称代词协助说话者构建对话环境并把某人假定为一个谈话的主体。通常，在情感会话中表达观点、情绪、评价和推测首先要存在一个人。这也解释了情感词和人称代词的相关性。和"悦耳"共现的人称代词不多，因为它主要是和声音有关。

（2）在搭配结果中，获得许多情感词和程度副词的搭配，并且对于不同类型的情感词表现出不同的特点。在此，从词性方面来进行分类，分别进行分析。对于形容词而言，中文的形容词基本都能接程度副词的修饰，如 [ 很 /d 悦耳 /a（20）]、[ 最 /d 可爱 /a 人 /n（147）]、[ 惊讶 /a 不已 /v（102）]、[ 非常 /d 高兴 /a（41）] 等。对于动词而言，要对情况进行区分。与情感有关的动词可以大致分成两类。一类是与具体行为无关的纯抽象行为；一类是与具体行为有关的（如"赞美""谴责"等），其语义的重点落在了具体行为上而非情感。对于前者，仍然可以采用程度副词进行修饰，如"希望""期待""想念"是一个纯抽象行为，所以可用"很""十分""非常"等来修饰。而对于包含具体行为的动词，则需要使用其他的副词来修饰其强度。比如，[, /w 强烈 /a 谴责 /v（82）]、[ 一致 /a 谴责 /v（66）]、[ 严厉 /a 谴责 /v（16）]、[ 纷纷 /d 谴责 /v（63）] 等。而用"很""十分""非常"等来修饰"谴责"则不合理。对于表达评价的名词，其程度的体现则不采用副词而是形容词。比如，对于"笨蛋"一词，[ 大 /a 笨蛋 /n（13）] 可以看成是程度性的修饰。

# 4.5 小结

本章的工作重点在于对任一情感词找出其搭配集合。情感词的搭配可能是单个单词，也可能是多个单词的序列，且这些单词不一定邻接。笔者采用 Skip–Bigram 集合来表示序列，采用 Apriori 算法抽取高频序列，使得序列的抽取灵活、简单。

本章的研究工作是产品评论分析的基础。可以把与情感词关联的产品特征看成是搭配的一种特殊类型。然后，可以根据产品特征的特点来进行更为具体和深入的分析，如对搭配（产品特征）进行聚类等。

# 第 5 章　产品评论分析

本章的工作分为以下四个部分：

（1）产品特征的抽取；

（2）产品特征的评级；

（3）{产品特征，观点}二元组极性判定；

（4）产品特征的聚类。

首先，从产品评论语料中进行产品特征的抽取；其次，这些产品特征的质量通常不够理想，因此进一步采用产品特征评级，选出高质量的产品特征；再次，对{产品特征，观点}二元组的极性进行判断；最后，对产品特征进行聚类，并输出包含极性信息的聚类结果。产品评论分析流程如图 5-1 所示。

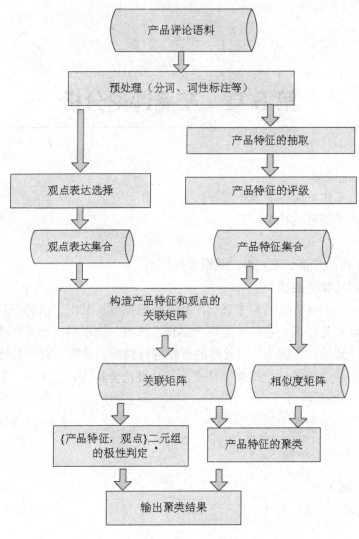

（a）产品评论分析流程图

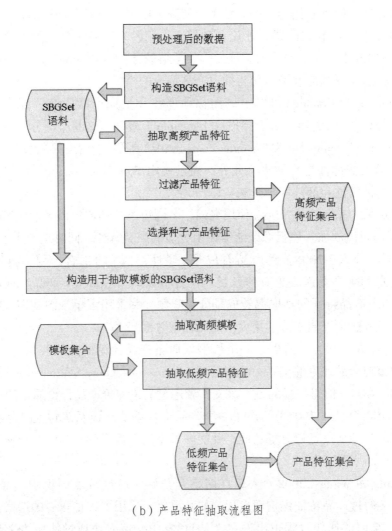

（b）产品特征抽取流程图

图 5-1　产品评论分析流程图

# 5.1　产品评论分析的研究现状

产品评论分析的工作有很多，这里主要关注产品特征相关的工作。

## 5.1.1　国外情况

从大量评论中，Hu 和 Liu（2004）首先使用句法分析器识别出名词和名词短语，然后统计它们的频率。作者保留高频的名词或者名词短语，因为高频产品特征更有可能被消费者评论。此外，采用两个剪裁方法提高精度[128,129]。在文献[130]中，作者使用人工标注的数据来进行 Class Sequential Rules（CSR）的挖掘，这些规则能够被转化为抽取产品特征的模板。

Popescu 和 Etzioni（2005）试图移除那些和目标产品没有"部分"关系的名词短语[131]。例如，对于扫描仪（scanner）而言，这些"部分"指示器是"ofscanner""scanner has""scanner comes with"等。这些指示器被用来在网络上对扫描仪的部件进行搜索。此外，通过使用 WordNet 的 is-a 层级结构和形态线索，把属性和部件区分开来。

Fujii 和 Ishikawa（2006）使用名词、名词短语、动词短语来抽取产品特征[132]。动词短语的加入使得系统能够识别更多的产品特征，同时也引入了噪声。

Ghani 等人（2006）将产品看成是 { 属性，值 } 的集合，因为这种表示对于用户和生产商而言更有信息量。作者将显式（explicit）产品特征和隐式（implicit）产品特征的抽取都看成是分类问题。并采用了单视图和多视图的半监督学习方法，以便充分利用大量的无标记数据[133]。

Liu 等人（2007）给出了一个检测低质量产品评论的方法[134]。作者给出了三种影响产品评论的偏差，分别是 imbalance vote bias、winner circle bias 和 early bird bias。值得一提的是，该文作者还定义了评价产品评论质量的规范。

Scaffidi 等人（2007）给出了一个产品推荐系统。该系统包括产品特征抽取、对产品特征进行评分等功能，并能够根据用户提供的产品特征快速定位到对应的产品[135]。

Wang 和 Wang（2008）从观点词集合开始，通过观点词识别产品特征，反过来又通过产品特征识别观点词。如此反复，采用了一种自展的迭代学习策略[136]。类似的迭代过程也出现在文献[137]中，该方法通过使用语义和共现信息对产品特征和观点词同时进行聚类。Qiu 等人（2009）提出了依赖于句法分析器的抽取产品特征方法（double propagation）[138]。这个方法从一些观点词种子开始，利用了观点词和产品特征之间的依存关系，循环地依次抽取产品特征和观点词。Su 等人（2008）提出了相互强化的方法来对产品特征和观点词进行聚类[139]。在该文中，构建了产品特征和观点词关系矩阵并被用来计算节点的相似度。Zhang 和 Liu（2010）提出了一个修改的 HITS 算法，也采用了这种产品特征和观点之间相互扩展的思路。[140]

Ferreira 等人（2008）对产品特征抽取中的方法进行了经验性的比较研究[141]。其中一个方法是基于对数似然率（Log Likelihood Ratio）的过滤方法，另一个

是著名的文献 [128] 中的基于频率和关联规则挖掘的方法。

Raju 等人（2009）采用共现统计，将文本中的单词构成一个图，然后在该图上进行聚类，并从聚类中抽取产品特征。该方法精度达到 80%，但是召回率较低 [142]。

Meng 和 Wang（2009）从产品规范中挖掘带有层次结构的高质量产品特征集合，并用于最终的产品评论摘要 [143]。

为了生成基于产品特征的产品评论摘要，Li 等人（2010）将该问题作为序列标注问题，这和以往的基于语言学规则和统计的方法有所不同。该文作者手工标注了两类产品评论语料，并为 CRF 模型选择了丰富的特征以供其训练。除了常规的线性结构外，作者还考虑到了句法树等不同的结构 [144]。

Zhang 等人（2010）提出了一个基于产品特征的产品评级方法。该方法首先抽取产品特征，并分析频率等信息；其次对句子进行倾向性判定；最后，对产品集合构建有向图进行评级，最终向用户提供一个产品列表，以便从中选择最好的产品 [145]。

Khairullah 和 Aurangzeb（2010）给出了一个抽取产品特征的新方法 [146]。该文作者通过助动词（is，was，are，were，has，have，had）抽取产品特征以及其评价。他们观察到 82% 的产品特征和 85% 的观点都与助动词存在句子级的共现，可以说助动词是产品特征和观点倾向的指示器。

Zhao 等人（2010）认为名词短语作为产品特征候选限制了产品特征抽取的召回率，提出了一个扩展产品特征句法结构的方法来抽取更多的产品特征 [147]。

Zhai 等人（2010）提出了一种带约束的半监督方法对产品特征聚类 [148]。该文作者认为相同的概念可以被不同的单词或短语表示。这些词在产品评论摘要中应该被聚类在一起。此外，Zhai 等人（2011）对同样的问题采用了带约束的 LDA 模型进行聚类 [149]。

Zhang 等人（2010）首先采用了有监督的方法来识别产品特征，该方法融合了领域知识和词汇信息。然后通过句法分析树和最近邻匹配找出产品特征的评价词，最后对观点的极性进行判断 [150]。

Yu 等人（2011）给出了一个基于浅层依存句法分析器的产品特征抽取、排序和情感分类的系统 [151]。对于产品特征而言，该文作者认为其重要性体现在两点：产品特征经常被人评论；能影响用户最终观点的产品特征是重要的产品特征。

Yu 等人（2011）通过使用包含产品特征层级关系的产品规范，对产品评论语料生成包含层级结构的产品评论信息。此外，该文作者还对隐特征（被评论但是未在文本中出现的产品特征）的识别进行了处理[152]。

Zhang 和 Liu（2011）认为，即便是客观句子中的名词也有可能表示某种极性[153]。比如，"Within a month, a valley formed in the middle of the mattress"中的单词 valley 是个名词，但是表明负的极性。作者识别这些名词的思路是基于这样的假设：如果一个名词能够被正负极性观点修饰，就不是带极性的名词；否则，该单词携带极性。

### 5.1.2　国内情况

近几年，中文产品特征分析也受到了越来越多的关注。

张军等人（2007）对用户生成内容（UGC）中的产品评论信息挖掘进行了研究。[154]UGC 指用户在社区或论坛所发布的自己的心情和感想等内容，其中包括对某企业、品牌、产品的观点和看法，通过社交网络，又引发了更多普通用户的讨论。该文分抽取、挖掘和可视化三个阶段论述。

王波和王厚峰（2007）考察只有小规模标注语料可用时，如何进行产品特征的自动识别。该文提出了一种半监督的自学习方法对产品特征进行迭代学习。在小规模的已标语料以及大规模的未标语料基础上，逐步扩大已标语料的规模。实验结果表明，当已标语料规模较小时，自学习方法取得的效果优于有监督方法。[155]

郝博一（2008）介绍了产品属性挖掘系统 OPINAX。[156]该系统采用基于语言依存分析和语料库统计相结合的未登录(OOV)产品属性挖掘算法。该算法基于一个小规模基本产品属性集，从依存分析结果中提取与已有属性相关的统计特征，从而实现从生语料中抽取 OOV 产品属性。该系统还对 OOV 产品属性进行排序，将可信度较高的 OOV 产品属性优先推荐。

黄永文（2009）认为，现有的产品评论挖掘研究中没有对上下位的特征、同一特征的不同词语表达进行处理。[157]该方法首先对产品规格说明文档进行挖掘，获得产品规格特征及其关系，再使用 Bootstrapping 弱监督方法从网站编辑评测文章中抽取出用户的描述特征及与规格特征之间的层次关系。

张鹏等人（2010）提出了产品评论中特征的层次挖掘方法，它能同时对包含专业描述的规则语料以及人为指定主题的非规则语料进行学习。利用文本特征词识别技术去除与主题相关度较差的词汇，并使用相对熵和语法结构分析方法从语料中产生出层次关系。[158]

李实等人采用基于 Apriori 算法的非监督型产品特征挖掘算法，结合有监督情感分析技术，实现对评论中产品特征及其情感倾向的综合信息挖掘，并根据用户的关注权重将产品特征和情感倾向进行排列。[159-161]

张姝等人（2010）提出了一种对中文产品特征自动归类的方法。该方法以语素和评价词作为衡量产品属性之间关联程度的特征，采用 K-Means 算法进行产品属性归类。[162] 实验结果显示了方法的有效性，并证明了语素在评论信息中的语义显著性以及评价词在评论信息中的重要性。

为实现产品意见挖掘中的隐式产品属性抽取，仇光等人（2011）在传统主题模型的基础上，通过分析评论信息中不同产品属性对应的意见词分布以及意见词的主题依赖性假设，提出一种基于正则化思想的主题模型框架。[163] 在该框架下，评论信息中的意见词特征，通过定义在不同评论中意见词的使用相似度上的正则化因子，纳入传统的主题模型框架中。

杨源等人（2011）对产品特征评价中的条件句识别和倾向性判定进行了研究。[164] 作者将没有条件连接词的条件句称为隐式条件句，而隐式条件句含有一些体现条件关系的隐式条件词。识别条件句时，主要依据条件连接词、隐式条件词及其词性、类序列规则等进行分类；分析属性倾向性时，依据条件连接词和隐式条件词把条件句分为假设条件句、让步条件句、特定条件句和无条件句四类，并把条件句的类别用于 SVM 分类。

此外，在文献 [79,157,165] 等学位论文中，也对产品评论分析中的关键问题进行了研究。

## 5.2  产品特征的抽取

在情感分析中，抽取人们对某个产品的特征所发表的观点是一个重要的任务。这类信息对消费者和产品制造商都具有价值。对于这个任务，第一步是抽取出产品特征集合。本节关注如何从中文产品评论中抽取产品特征。

在文献 [128, 129] 中，作者使用关联规则挖掘来获得高频的项目集合，然后对这些项目集合进行剪裁，从而找出产品特征。但是，关联规则挖掘不能考虑单词的顺序关系，而这对自然语言处理是十分重要的信息。在笔者的工作中，希望在使用关联规则挖掘方法的同时保持单词的顺序，从而能够找出可变长度的单词序列。这些单词序列是产品特征的候选。

虽然可以使用序列的挖掘算法（如文献 [166]），但是这些算法只能给出所要的序列，并没有对序列本身进行表达。在本节中，采用 SBGSet 来表达序列（见第 4 章），能够将序列的操作转换成集合的操作，从而能够利用许多现有的基于集合的机器学习方法。

对于抽取中文产品特征，存在一些影响效果的因素。

首先，尽管中文的分词和词性标注能够达到 90% 以上的正确率，但是对于特定领域的术语，分词和词性标注的性能并不十分可靠。在表 5-1 中，给出一些被错误分词或词性标注的数码相机术语。尤其值得注意的是，微距 (macro) 有两个不同的词性标注结果，这也说明了识别未知领域术语的困难性。

表 5-1　在数码相机中分词和词性错误的例子

| w1 | w2 | 英文 |
| --- | --- | --- |
| 热 /a | 靴 /ng | hot shoe |
| 微 /ag | 距 /vg | macro |
| 微 /dg | 距 /v | macro |
| 对 /p | 焦 /j | focusing |
| 滤 /v | 镜 /ng | filter |
| 像 /v | 素 /dg | pixel |
| 防 /v | 抖 /v | anti-shake |

其次，在当前的中文产品特征抽取中，noun+（一个名词或者名词的序列）通常被用来抽取产品特征候选。尽管 noun+ 能够简化后续的处理，但是它排除了很多包含动词或其他词性（主要是由于错误的词性标注）的产品特征。

这两个问题是有联系的。对于中文特定领域的术语，由于没有满意的分词和词性标注工具，倾向于不使用中文句法分析器，因为句法分析器受到分词和词性标注的影响。因此，选择无须句法分析的 noun+ 来进行产品特征的抽取。

为了处理以上问题，采用第 4 章中提出的 Skip-Bigram 集合 (SBGSet) 来表示单词序列。在这种表示下，分词错误的纠正和多词短语的识别本质是一样的。对于低频的产品特征，使用基于模板的方法进行抽取。而模板作为序列也可以采用 SBGSet 进行表达，这使系统的实现更加统一和清晰。

产品特征抽取的框架见图 5-1(b)。接下来，笔者对框架中各个处理进行详细介绍。

## 5.2.1 抽取高频产品特征

### 1. 创建 SBGSet 语料

对于某个产品的评论语料，在经过预处理后，每行是一个句子。通常，假定产品特征本身以及和它关联的观点不会跨句。

对于每一行文本，将其转换成一个 SBGSet。为了能同时处理单个的单词，为单个单词构建了一种特殊的 SBG，形如 $(w = w)$，其中 $w$ 是单个单词。具体的例子见表 5-2。

表 5-2　将单词序列转换成 SBGSet 的例子

| 单词序列 | 电池 的 质量 |
|---|---|
| SBGSet | （电池 = 电池），（的 = 的），（质量 = 质量），（电池 的），（电池 质量），（的 质量） |
| 单词序列 | 电池 质量 的 |
| SBGSet | （电池 = 电池），（质量 = 质量），（的 = 的），（电池 质量），（电池 的），（质量 的） |
| 单词序列 | 的 电池 质量 差 |
| SBGSet | （的 = 的），（电池 = 电池），（质量 = 质量），（差 = 差），（的 电池），（的 质量），（的 差），（电池 质量），（电池 差），（质量 差） |

对每个句子进行如上转换，就得到了 SBGSet 语料，其中的每行是一个 SBGSet。由于 SBGSet 是集合，能够被看成是 Apriori 算法的交易（transaction）。应该指出的是，在 SBGSet 语料中，一行对应的 SBGSet 通常不是一个有效 SBGSet（因为在生成 SBGSet 的时候对间隔有限制），而是包含多个有效的 SBGSet 子集。

### 2. 抽取高频产品特征

在 SBGSet 语料中，将一个 SBG 看作一个项目，将由一行文本序列生成的 SBGSet 看作一个交易（transaction）。这样就能够使用关联规则挖掘来抽取高频的项目集（itemset，也就是 SBGSet），然后恢复出那些可能是产品特征的短单词序列。

在文献 [128] 中，作者使用 Apriori 算法 [167] 在交易集合中找出所有的高频项目集合。关于 Apriori 算法的介绍，请参考 4.3 节，此处不再赘述。

对于表 5-2 中的例子，使用 Apriori 算法（最小支持度为 3），获得了 15

个高频项目集合 ( 也即 SBGSet)。然后，把有效 SBGSet 转换成单词序列后，结果如表 5-3 所示。

表 5-3　单词序列结果

| 单词序列 | 支持度 |
|---|---|
| 电池 | 3 |
| 质量 | 3 |
| 电池 质量 | 3 |
| 的 | 3 |

3. 过滤产品特征

在得到单词序列后，使用一些过滤规则来减少潜在的产品特征的规模。比如，在表 5-3 中，"的"作为单词序列并不是产品特征，应该被排除。在实验中，使用如下的过滤规则。

（1）产品特征包含 2 ～ 8 个汉字。

（2）产品特征包含 1 ～ 3 个中文单词。

（3）产品特征不能包含非汉字的字符。

（4）词性过滤：笔者定义了一个错误词性集合（适用于所有单词）和一个有效词性集合（即名词和动词，应用在至少包含两个汉字的单词上）。此外，如果最后的单词包含至少两个汉字，则该单词必须是名词。

（5）单词过滤：一些单词不应该出现在产品特征中，通常是一些停用词，诸如"是""的""这""有"等。

表 5-4 给出了在数码相机评论语料上，两种过滤规则对人工标注的产品特征的覆盖率。相比 noun+，可以看出本节的过滤规则能够明显提高对产品特征的覆盖率，但是候选的数目也更加庞大。结合产品特征的评级，可以保证本节的过滤规则也能获得更高的精度和召回率，详见 5.3.6 节。

表 5-4　产品特征覆盖率对比（数码相机）

| 产品特征候选 | 数目 | 覆盖率 |
|---|---|---|
| noun+ | 6 055 | 0.676 |
| 笔者的过滤规则 | 16 894 | 0.805 |

### 4. P-Support

由于一个产品特征可能是另外一个产品特征的一部分，使用 P-Support 重新计算产品特征的频率。在文献 [128] 中，作者定义一个产品特征 ftr 的 P-Support 为特征 ftr 在句子中出现的次数，且其出现时，没有其他包含 ftr 的产品特征。

许多产品特征的频率在 P-Support 修正后会减小。比如，"功能"本身是一个产品特征，但是又能够和其他单词构成更具体的产品特征，如"照相功能""音乐功能"等，所以"功能"作为产品特征的频率会降低。因为在一些句子中，虽然"功能"出现，但是它只是作为更长的产品特征的一部分，在计数的时候不考虑。

## 5.2.2 抽取低频产品特征

在运行 Apriori 算法的时候，能够通过降低最小支持度，抽取更多的项目集合（潜在的产品特征）。但是，当最小支持度过小的时候，所抽取的项目集的规模就会变得非常大，以至于处理无法进行。

为了抽取低频的产品特征，笔者采用现有的产品特征来发掘模板，然后再用这些模板来抽取新的产品特征。由于模板本身也是序列，仍然采用 SBGSet 表示模板。

### 1. 选择种子产品特征

为了获得抽取产品特征的模板，需要一些高质量的产品特征作为种子。这些种子被用来获得产品特征所出现的上下文，并从中抽取出模板。然后，这些模板再被用来抽取产品特征。

可以对产品特征进行评级，选择那些分数高的产品特征作为种子产品特征。本节工作的主要目的不是对产品特征评级，并且高频产品特征的数目并不是很大（在过滤后通常有 100 ~ 200 个高频潜在产品特征）。所以，直接对高频产品特征人工标注获得种子产品特征。

### 2. 构建抽取模板的 SBGSet 语料

有了种子产品特征后，使用如下的步骤来获得模板。

抽取包含种子产品特征的句子，构建用于抽取模板的 SBGSet 语料。此时，句子中的种子产品特征被替换成变量 $X$。

使用 Apriori 算法抽取高频的项目集（也即 SBGSet）。

对所有 SBGSet 进行过滤，并将有效的 SBGSet 转换成模板。

定义 2: 模板是包含一个变量和至少一个单词的序列。

定义 3: 一个变量代表一个潜在的单词序列。在此，给出一个例子说明这些步骤。

假设已经有了种子产品特征集合，其中的一个产品特征是"触摸屏"。图 5-2 的例子说明了如何构建用于抽取模板的 SBGSet 语料。

```
            手机 触摸屏 很 大
                 ⇓
            手机 X 很 大
                 ⇓
{(手机 X), (手机 很), (手机 大), (X 很), (X 大), (很 大)}
```

**图 5-2  构建用于抽取模板的 SBGSet 语料的例子**

对原始文本中的每一行都做图 5-2 中的处理，就得到了用于抽取模板的 SBGSet 语料。

为了表示句子的开始和结尾，创建了两个伪单词 (START 和 END)，它们在构建模板的时候起到很大的作用。

3. 抽取高频模板

目前，用于抽取模板的 SBGSet 语料的每一行都是一个 SBGSet，又可以被看成是 Apriori 算法的一个交易（transaction）。运行该算法，获得了高频的项目集（也即 SBGSet）。最终，将有效的 SBGSet 转换成序列，并且采用模板的定义得到高频模板。

对于上面的例子，"手机 X 很大""手机 X 很"或者"X 大"等都是模板。如果它们在用于抽取模板的 SBGSet 语料中的频率超过了最小支持度，那么它们将作为高频模板集合中的元素。

4. 对模板选择和评分

获得模板后，可以对所需的模板进行选择和评分。

在实验中，采用简单的策略来选择模板并对模板评分。只考虑形如 "$word_1$ X $word_2$"的模板，其中 X 是一个变量。给定一个模板 $p$，它的分数被定义成

$$\frac{p 抽取种子产品特征的次数}{p 抽取高频产品特征的次数}$$

5. 用模板抽取产品特征

假定已经有了模板"手机 X 很"，图 5-3 给出了两个用模板抽取产品特征的例子。

手机 键盘 很 大

⇓

$X$ 被实例化为"键盘"

手机 信号 很 糟糕

⇓

$X$ 被实例化为"信号"

**图 5–3　模板"手机 $X$ 很"抽取的两个产品特征**

在实验中，假设一个变量最多包含三个单词。这是因为产品特征通常是单个单词或者短语。在对模板中的变量 $X$ 实例化后，得到了一个潜在产品特征的集合。使用 5.2.1 节中的过滤规则进行过滤，并排除高频的产品特征。最终获得了低频产品特征集合。

由于低频产品特征通常比高频产品特征多，希望能够对低频产品特征进行评分，以便抽取出分数较高的部分。对一个低频产品特征 ip 的分数定义为抽取出 ip 的模板的分数之和。如果在语料中一个模板多次抽取同一个产品特征，则该模板的分数只计一次。

### 5.2.3　产品特征抽取的评估

1. 实验设置

在实验中，Apriori 算法在两个语料上（数码相机和手机）的最小支持度都为 0.1%(占交易的比率)；在抽取模板时，对于手机语料设置最小支持度为 10（出现频次），对于数码相机语料为 3（出现频次）。

对于低频产品特征，如果其数量超过 500，则根据 5.2.2 节的评分规则截取前 500 个。

2. 评估指标

给定抽取的产品特征集合 $E$ 和人工标注的产品特征集 $G$，采用考虑频率的召回率和精度来评估所抽取的产品特征集合，定义

$$\mathrm{Recall}_{\mathrm{Freq}}=\frac{\sum x\in E\cap G^{\mathrm{Freq}(x)}}{\sum x\in G^{\mathrm{Freq}(x)}},\quad \mathrm{Precision}_{\mathrm{Freq}}=\frac{\sum x\in E\cap G^{\mathrm{Freq}(x)}}{\sum x\in E^{Freq(x)}}$$

其中，$\mathrm{Freq}(x)$ 是产品特征 $x$ 在语料中的频率。

3. 语料

实验所需语料从 www.taobao.com 下载，包括手机评论语料和数码相机评

论语料。采用 ICTCLAS[1] 进行分词和词性标注，在处理中选择北京大学语料处理规范。[95] 语料的统计信息如表 5-5 所示。

表5-5 语料统计信息

| 产品 | 手机 | 数码相机 |
|---|---|---|
| 语料规模 | 2 396 KB | 403 KB |
| 人工标注的产品特征数目 | 167 | 454 |

4. 测试集合

由于语料较多，在语料中直接进行人工标注的代价较高。在分词和词性标注后，按照 5.2.1 节的过滤规则抽取出所有的单词序列，然后对这个单词序列集合进行人工标注。两个测试集合的大小如表 5-5 最后一行所示。

5. 实验结果

实验结果中的精度和一些相关的英文工作 [128,130,131] 相比较低，解释如下。

在本节的工作中，没有采用任何评级策略（从属关系、产品特征和观点的关联等），这些评级策略能够帮助找到更紧密的产品特征集合或者模板集合，从而提高精度。

由于没有采用中文句法分析器，无法获得来自句法分析器的名词短语。为了覆盖更多的产品特征，实验中允许动词以及其他的词性出现在产品特征中，所以导致产品特征的规模较大，精度较低。

从表 5-6 中可以看出，频率是产品特征的良好指示器。对于所抽取的高频产品特征，召回率对于手机评论语料是 0.911 7，对于数码相机评论语料是 0.684 5。这说明高频产品特征占了语料中产品特征的大部分。

表5-6 产品特征的抽取结果

| 产品名称 | | 手机 | 数码相机 |
|---|---|---|---|
| 产品特征数 | | 167 | 454 |
| 抽取的高频产品特征 | 正确个数 | 67 | 146 |
| | 抽取个数 | 284 | 630 |
| | Precision Freq | 0.454 7 | 0.409 7 |
| | Recall Freq | 0.911 7 | 0.684 5 |

| 产品名称 | | 手机 | 数码相机 |
|---|---|---|---|
| 产品特征数 | | 167 | 454 |
| 抽取的低频产品特征 | 正确个数 | 37 | 46 |
| | 抽取个数 | 500 | 500 |
| | Precision Freq | 0.124 9 | 0.155 7 |
| | Recall Freq | 0.041 2 | 0.030 7 |
| 所有产品特征 | 正确个数 | 104 | 192 |
| | 抽取个数 | 784 | 1 130 |
| | Precision Freq | 0.408 1 | 0.382 8 |
| | Recall Freq | 0.952 9 | 0.715 3 |

基于模板的方法能够找出很多低频的产品特征。尽管这些产品特征在语料中出现的频率较低，对召回率的贡献不大，但是它们数量并不少，而且是完整产品特征集合不可或缺的部分。

数码相机评论中有更多的产品特征且语料更小，这也就解释了数码相机语料的实验性能相对较低。因为在产品特征和模板较为多样化且频率较低的情况下，抽取可靠的产品特征和模板会更加困难。

## 5.2.4　讨论

1. 分词和词性标注问题

正如前面提到的，促使笔者使用 SBGSet 表示序列的一个原因是为了方便处理错误分词和词性标注。在实验中，抽取多词的产品特征与抽取被错误分词的产品特征的处理方法一样。

比如，"性价比"应该是一个词，但是被错误地分成了三个汉字"性 /n""价 /n"和"比 /p"。由于"性 /n 价 /n 比 /p"能够被看作单词的序列，其抽取过程与抽取"待机 /v 时间 /n"这样的词组的过程是相同的。

2. 一些模板

接下来，给出一些抽取到的模板。START 和 END 是用来标记句子开始和结束的伪单词。$X$ 是指代单词序列的变量。

一些模板是和观点有关的。比如，"START$X$ 不错 /a"是一个匹配各种产品特征的通用模板，而"START$X$ 便宜 /a"是关于特定产品特征（价格）的模板。

一些模板体现了产品特征和产品之间的从属关系。比如,"手机 /nXEND"是一个典型的从属关系模板,如果 $X$ 被实例化为一个序列,则通常是某个产品特征。

在模板"的 /uX 不 /d""STARTX 很 /d"中, $X$ 往往代表了某个实体,通常用名词来表示。而名词是产品特征最常见的表现形式。[128]

一些模板包含一些特殊的单词,这些单词可以和其他的词构成产品特征。比如,"STARTX 效果 /n"中的"效果"能够被用来构建"拍摄效果"和"录像效果"等产品特征。

此外,还发现一些有趣的模板。比如,"不过 /cX 不 /d"是一个从正极性观点向负极性观点的转换,其中 $X$ 是一个产品特征。这种信息是非常有用的,因为这有助于定位用户真正关注的产品特征。

3.分离产品特征的生成和过滤

基于 SBGSet 表达,可以将潜在产品特征的生成和过滤分开,使处理更加容易和清晰。

根据过滤规则,产品特征应该具有如下的形式: $\{n|v\}*n$。其中, $n$ 和 $v$ 表示名词和动词, $|$ 是"或"运算符, $*$ 表示重复零到多次。给定词性序列 $V_1N_1V_2N_2$,如果过滤和生成同时进行,必须考虑如下的词性组合: $V_1N$、 $V_1N_1N_2$、 $V_1V_2N_2$、 $V_1N_2$、 $N_1$、 $N_1V_2N_2$、 $N_1N_2$、 $V_2N_2$、 $N_2$。这使处理非常烦琐。

在笔者提出的方法中,生成潜在产品特征和过滤被分开。对于上面的例子,所有低频的组合在运行 Apriori 算法之后被排除,对于剩余的序列可以方便地使用过滤规则进行排除。而过滤规则可以重新设计,不影响生成潜在产品特征的环节。

## 5.3　产品特征的评级

目前,在抽取产品特征的时候,主要考虑召回率。所抽取出的产品特征集合仍然存在着较多噪声。为了得到质量更高的产品特征集合,需要对它们进行评级,从而能够按照需要选出质量较高的产品特征。对产品特征的评级(ranking)工作可以归纳成如下几类。

(1)频率:产品特征在语料中出现次数越多,说明它更多地被谈论,从而也说明了其重要性。这样的产品特征应该得到较高的分数,作为质量较好的产品特征。由于产品特征之间也可能存在着包含关系,采用 P-Support(见 5.2.1

节）来表示一个产品特征的频率，以避免某些产品特征被重复计数。

（2）领域性：使用一个通用语料来计算单词的分布，对那些相对而言更频繁出现在领域语料中的单词或词组给予较高的分数。

（3）从属性：是否是产品的属性或者构件。比如，"按键"是"数码相机"的构件，"价格"是"数码相机"的属性。这些都是高质量的产品特征。而"光线"与"数码相机"并不构成从属关系，因此不是产品特征。

（4）被评论性：是否被观点修饰。通常，如果产品特征经常被观点修饰，那么这个产品特征具有较好的质量。因为它吸引更多的人关注和评论。比如，对于手机而言，"芯片"也是一个重要的组成部分，然而由于普通用户难以加以评论，所以并不是关注热点。而"屏幕"经常被"大""小""清晰"等观点词修饰，是人们关心的产品特征。

### 5.3.1　领域性

领域性 (Domain Specialty) 是指一个单词或者词组出现在领域语料和通用语料中的相对频率差别。

在实验中所采用的通用语料是综合新闻类语料，大小约 886 KB。

对于领域语料中潜在的产品特征 $X$，计算

$$\frac{X在领域语料中的频率/size(通用语用)}{(1+X在通用领域语料中的频率)/size(通用语用)}$$

其中，1 是平滑系数，因为有些产品特征不会出现在通用语料中。

### 5.3.2　从属性

从属性是一个用于识别产品特征的有效标准。许多无效的产品特征候选可以通过这个标准进行排除。比如，在数码相机领域，"光线"是一个高频词，而且经常被"强""弱"等观点词修饰。然而，"相机的光线"是不合理的，因为光线既不是相机的一个构件，也不是相机的一个属性。

为了测量一个潜在产品特征和目标产品的从属关系，笔者采用两个模板和一个搜索引擎。比如，对于手机评论语料中的潜在产品特征 $X$，两个模板如下。

（1）手机的 $X$ 很。

（2）是手机的 $X$。

第一个模板是保证 $X$ 是一个名词短语且和目标产品（手机）构成从属关系，第二个模板是为了去除第一个模板中 $X$ 被前面的动词修饰的情况。比如，

99

"喜欢这款手机的朋友很"能够匹配第一个模板，但是"朋友"是被"喜欢这款手机"修饰而非"手机"，因此"朋友"不是产品特征，应该被去除。表5-7给出两个基于某搜索引擎判别从属性的例子。

表5-7　两个基于某搜索引擎判别从属性的例子

| 老人 | 屏幕 |
|---|---|
| hits(" 老人 ")=2 130 000 000<br>hits(" 是手机的老人 ")=1<br>hits("手机的老人很 ")=0 | hits(" 屏幕 ")=1 460 000 000<br>hits(" 是手机的屏幕 ")=2 250<br>hits(" 手机的屏幕很 ")=1 220 |
| 从属性得分: $\dfrac{1\times 0}{2130000000}=0$ | $\dfrac{2250+1220}{1460000000}=0.0019$ |

得到了每个产品特征的从属性分数后，就可以对产品特征进行排序。对于那些从属性很低的也可以直接去除。

需要注意的是，一些概念并没有和特定的产品构成从属关系。比如，"这款手机携带很方便"中的"携带"，"这款机子售后服务比较糟糕"中的"售后服务"。这些产品特征虽然不再是严格意义上的构件或者属性，但是仍然可以作为广义的产品特征。以下是一些手机评论语料中的产品特征。

构件（硬件）:屏幕、电池、键盘等。

构件（软件）:操作系统、菜单、浏览器等。

属性:价格、颜色、手感等。

功能:自拍、回放、发信息、上网。

行为:携带、操作、充电、反应。

相关概念:包装、售后服务、信号。

通过观察，可以看出这些产品特征基本上都能够通过以上的从属性度量进行评级。因此，对本节中的从属性要做更宽泛的理解。

### 5.3.3　被评论性

假定已经获得了$m\times n$维的产品特征和观点的共现矩阵$M_{\mathrm{FO}}$（见5.4.1节）、观点词的分数OpScores（见5.3.5节），其中$m$产品特征的数目，$n$是观点词的数目。产品特征的被评论性分数可以计算为$M_{\mathrm{FO}}\times$OpScores。

被评论性（opinionated）并不是用来判定一个文本序列是否是产品特征，而是用于判定一个产品特征被评论的程度。越是引起人们评论的产品特征，越值得注意。

### 5.3.4　综合评级

对于一个产品特征集合，在得到了各种评级结果后，希望能够将它们综合起来，成为一个更好的评级结果。在本节的实验中采用了一个简单的策略，并取得了较好的效果（见 5.3.6 节中的实验结果）。

假设有 $n$ 个产品特征，有 $m$ 个评级 $\{R^1, R^2, \cdots, R^m\}$。$R_i^j$ 表示第 $i$ 个产品特征在第 $j$ 个评级中的分数。首先计算混合的分数列表 $M$，其中每个元素 $M_i = \prod_{j=1}^m R_i^j$。因为各个评级计算分数的方法并不一致，所以 $M$ 中分数的值并没有太多的意义，关键在于由分数形成的排序关系。因此，笔者定义综合评级 $R_i = \dfrac{1}{M_i \text{在} M \text{中的排名}}$，也就是用在分数列表 $M$ 中排名的倒数作为其综合评级

的得分。如果第 $i$ 个特征的 $M_i$ 是 $M$ 中的最大值（排名为 1），则 $R_i = \dfrac{1}{1} = 1$；如果是最小值（排名为 $n$，假设无相同排名出现），则 $R_i = \dfrac{1}{n} = 1$。

### 5.3.5　观点词选择和评级

通常，观点词是形容词 [128,129,136,137,140]，在本节实验中也采用这样的处理。

在实验中，将语料中出现的所有形容词作为观点词。一个形容词作为观点词的好坏程度是通过形容词的级差性（Gradability）来衡量的。假定 W 是一个中文单词，则定义 Gradability(W)=hits(" 很 W 的 ")/hits("W")。这个方法可以消除许多被错分为形容词的单词，如"呵呵"等。

通过这种方法，得到了观点词的分数列表 OpScore，在 5.3.3 节中 OpScore 被用来计算产品特征的被评论性，从而对产品特征进行评级。

### 5.3.6　实验结果

1. 主观性过滤的作用

由于已经有了针对任意语料自动度量其中动词和形容词主观性的方法（见 3.3 节），可以利用这个方法对评论语料进行主观性过滤。本节考察主观性过滤对产品特征抽取的影响。

为了对主观性过滤的作用进行评价，对比了采用主观性过滤和不采用主观性过滤的结果。因为涉及的影响因素较多，选择综合评级的分数，并考虑非频

率的准确率（Precision）和召回率（Recall）作为默认实验设置。

主观性过滤规则：假设已经得到了每个单词的主观性得分，如果一个句子所有单词的主观性分数之和大于0.1，则判定这个句子为主观句。如果一个句子是主观句则保留，否则丢弃。0.1是根据经验设定的。

需要指出，在度量单词主观性的方法中，只对形容词和动词进行度量，其余词类的主观性分数都视作0。

对于手机语料，通过主观过滤，语料中的句子数目由27 267下降为22 872；数码相机评论语料中的句子数目从6 137下降为4 242。从图5-4可以看出，对于数码相机语料，采用主观过滤后性能保持和主观过滤前基本相同；对于手机语料，主观过滤后性能略有提升。总而言之，采用主观过滤不仅能够减少待处理的数据量，还能够不降低甚至提高后续处理的性能。因此，以后的实验设置中都默认采用主观性过滤。

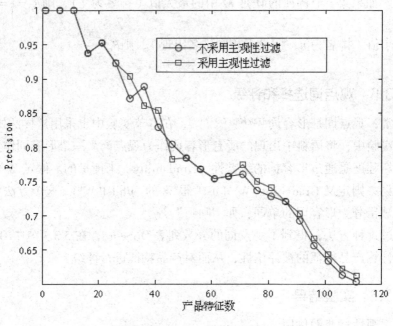

（a）Precision（手机语料）

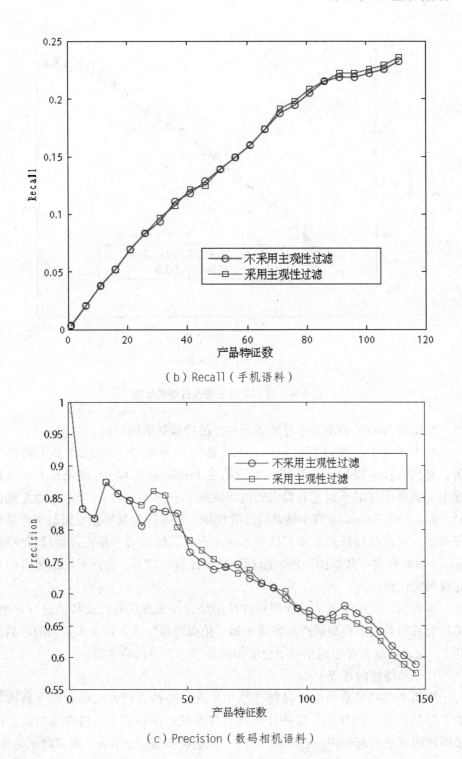

（b）Recall（手机语料）

（c）Precision（数码相机语料）

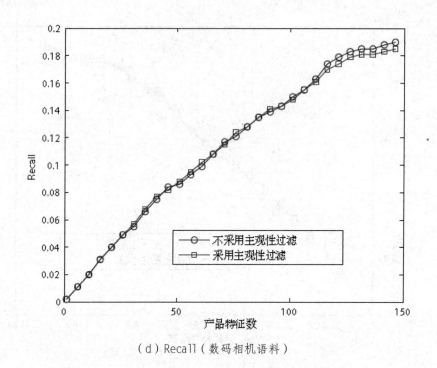

（d）Recall（数码相机语料）

**图 5-4　是否采用主观性过滤的比较**

2. 比较 Noun+ 和本书中过滤规则对产品特征抽取的影响

在表 5-4 中，通过对比 noun+ 和笔者的过滤规则（见 5.2.1 节）可以看出，使用 noun+ 提取产品特征，无论是在 Precision 指标上，还是在 Recall 指标上，总体而言都不如笔者提出的过滤规则。在图 5-4 的 (c) 中，靠近左侧部分，noun+ 的 Precision 高于笔者的过滤规则。这是因为数码相机语料中产品特征较多，而产品特征的主体仍然是 noun+ 形式，所以当产品特征数目较少时，noun+ 暂时获得了较好的性能。随着产品特征数目增多，逐渐显示出笔者的过滤规则的优势。

这说明，采用笔者的过滤规则并使用综合评级方法对产品特征进行评级，不仅能够覆盖更多类型的产品特征（如"拍摄效果"这类包含非名词的产品特征），而且在综合评级的结果中也能保证甚至达到更高的性能。

3. 产品特征的评级

从两个语料抽取出的产品特征结果来看，各种评级方法都对选择高质量的产品特征有帮助作用。那些评级排名较高的产品特征中，精确率较高，这说明评级方法在起作用。在"从属性""领域性""P-Support"和"被评论性"

中，"从属性"在精确率上的表现最好。因为"从属性"的计算采用了语言学
经验性知识并结合大规模语料（搜索引擎）。"P–Support"的精确率表现相对
其他的评级而言稍差，因为它只考虑频率因素，包含较多的噪声。比如，"女
孩""老人"等非产品特征也常出现在评论语料中。不过当考虑频率时，从召
回率来看 P-Support 的表现最好。"领域性"和"被评论性"也获得了较好的
性能。总体而言，并没有哪个评级能够明显地比其他评级方法优越。将以上四
种评级方式混合而得到的综合评级，在两个产品评论语料的 F、$F_{Freq}$ 等指标上
都获得了较好和较均衡的性能。这说明把不同性质的评级综合起来，的确能够
提高性能（图 5–5、图 5–6）。

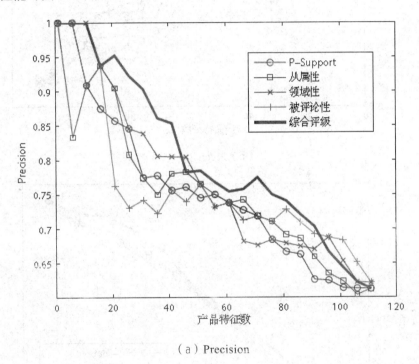

（a）Precision

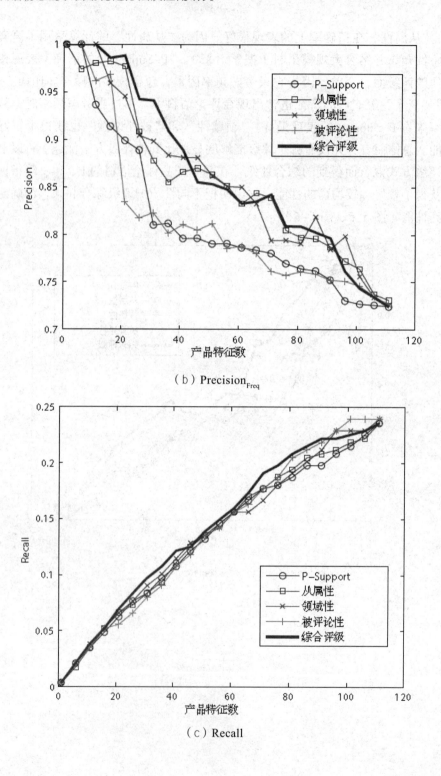

（b）Precision$_{Freq}$

（c）Recall

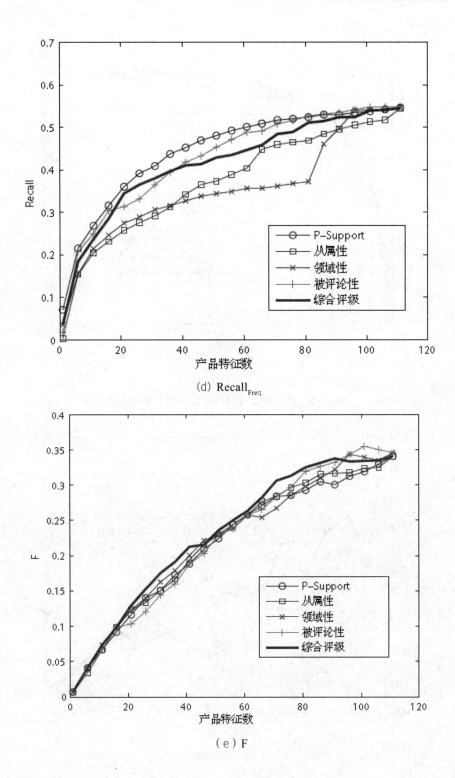

(d) Recall$_{Freq}$

（e）F

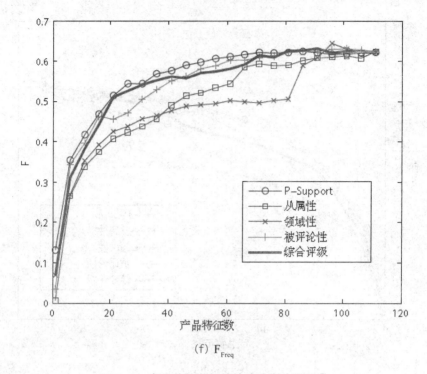

（f）$F_{Freq}$

**图 5-5　产品特征评级的性能分析（手机）**

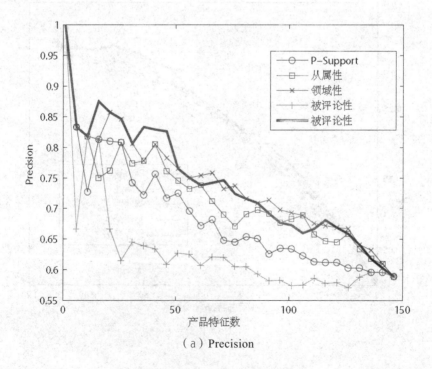

（a）Precision

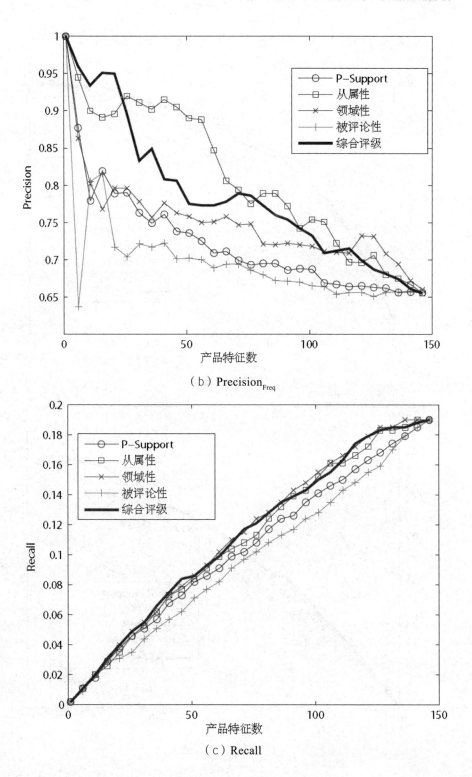

（b）Precision$_{Freq}$

（c）Recall

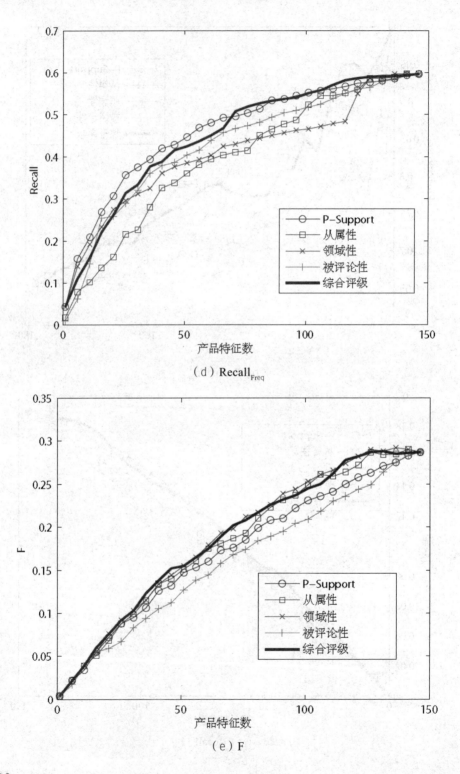

（d）Recall$_{Freq}$

（e）F

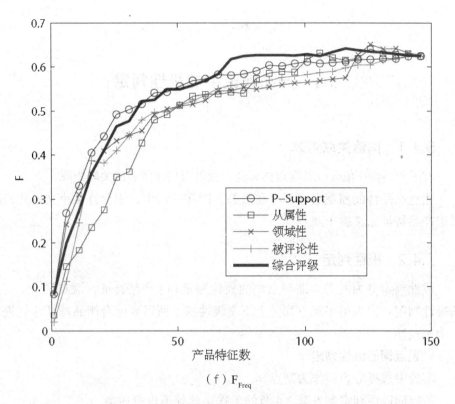

（f）$F_{Freq}$

**图 5-6 产品特征评级的性能分析（数码相机）**

Algorithm 5 构建关联矩阵 $\boldsymbol{M}_{FO}$

procedure CreateFO(lines, F, O) //F 为产品特征集合，O 为观点词集合

1: MFO 被初始化为 nF × nO 的零矩阵

2: for i

3:  for j

4:   for k

5:if F(j) 在 lines(i) 中且 O(k) 在 lines(i) 中

6:   且 F (j) ∩ O(k) = ∅

7:MFO (j, k) = MFO (j, k) + 1

8:   end

9:  end

10:  end

11: end

12: return MFO

# 5.4 产品评论中的极性判定

## 5.4.1 构建关联矩阵

有了产品特征集合以及观点词集合，就可以构建两者的关联矩阵。

注意产品特征和观点词不存在重叠，即在一行中，不允许某个文本片段既属于产品特征，又属于观点词。

## 5.4.2 极性判定

极性判定分为两类，即观点词的极性判定和 { 产品特征，观点词 } 二元组的极性判定。因为很多观点词是上下文极性的，所以要配合产品特征才能进一步确定极性。

1. 观点词的极性判定

实验中选择形容词作为观点词。

形容词极性判定参考第 3.4 节的工作，此处不再赘述。

2.{ 产品特征，观点 } 二元组的极性判定

通常，在产品评论分析中需要进行极性判断的对象是 { 产品特征，观点 } 二元组。如果观点词是先验极性词，如"不错""漂亮""悦耳""迟钝"等，几乎可以在不考虑产品特征的情况下直接判断该 { 产品特征，观点 } 二元组的整体极性为正或者负。然而，有一些 { 产品特征，观点 } 中包含的观点词是上下文极性的，必须提供更多的信息，才能判定整体的极性。比如,{ 价格，高 }、{ 屏幕，大 } 等。此时，产品特征可以充当上下文，辅助更准确地判定 { 产品特征，观点 } 二元组的极性。

通过分析和实验发现，在第 3.4 节给出的判定中文形容词极性的方法也可以被应用到 { 产品特征，观点 } 二元组的极性判定。

假设要判断二元组 { 价格，高 } 的极性。对于"高"而言，根据第 3.4 节的方法，其极性为正，见表 5–8。如果将"高"的极性作为 { 价格，高 } 的极性，则产生了错误。

表 5-8 "高"的极性判断

| 高 | 极性？ |
|---|---|
| hits(" 不高 ") | = 211 000 000 |
| hits(" 有点高 ") | =16 800 000 |
| hits(" 不 ") | =9 470 000 000 |
| hits(" 有点 ") | = 948 000 000 |
| SO-PMI-IR | $= \log_2\{\frac{\text{hits("不高")hits("有点")}}{\text{hits("有点高")hits("不")}}\}$<br>$= 0.3303 > 0$<br>正极性 |

为了处理这种上下文极性的情况，在构建查询串的时候，将产品特征也包含进去，这样相当于提供了上下文信息，使得极性的判定更为准确。对于 { 价格 , 高 }，极性的判定见表 5-9。

表 5-9 { 价格 , 高 } 的极性判定

| { 价格 , 高 } | 极性？ |
|---|---|
| hits(" 价格不高 ")<br>hits(" 价格有点高 ")<br>hits(" 不 ")<br>hits(" 有点 ") | =5 700 000<br>= 6 270 000<br>=9 470 000 000<br>= 948 000 000 |
| SO-PMI-IR | $= \log_2\{\frac{\text{hits("价格不高")hits("有点")}}{\text{hits("价格有点高")hits("不")}}\}$<br>$= -3.4579 < 0$<br>负极性 |

对比这两个例子，还能看出一些其他的信息。在表 5-8 中，虽然"高"被判定为正极性的单词，但是其 SO-PMI-IR 的绝对值（0.330 3）接近 0。按照在第 3.4 节中分析的结果，说明对这个判定的把握并不是很大。这从一个方面也说明了，"高"的极性需要更多的上下文来辅助判定。

而在表 5-9 中，hits(" 价格有点高 ") 已经大于 hits(" 价格不高 ")。考虑到"不"的频率远大于"有点"，因此可以看出"价格有点高"比"价格不高"在语料中的使用相对普遍得多。表 5-9 中，SO-PMI-IR 的绝对值接近 3.5，考虑到这是取对数后的结果，说明 { 价格 , 高 } 在两个极性指示器"不"和"有点"上的

搭配倾向差异是非常大的，从而对结果判定的把握也较大。按照在第 3.4 节中的分析，"有点"通常修饰负极性的情况，所以"价格高"应该是负极性的。

### 5.4.3 对极性判定的评估

1. 语料

所用语料请参考 5.2.3 节。

2. 测试集

用于评估极性判定效果的测试集分为两类，它们是观点词极性测试集和 { 产品特征 , 观点 } 二元组的极性测试集。具体构建如下所述。

首先，为了构建观点词极性测试集，采用以下三个词表。

HowNet 情感词表 ①。HowNet 本身是中文本体词典，HowNet 情感词表是在本体词典的基础上构建而成的。

NTUSD(NTU Sentiment Dictionary)②。NTUSD 的构建是通过初始的人工标注种子词表（来自中文同义词词典）和 Sinica Bilingual Ontological WordNet[87] 自动扩充而成的。

清华大学李军整理的情感词表 ③。

这三个词表都包含正负极性的词项。把三个词表的正负极性词表整合并去重后，得到一个正极性词表（10 220 项）和一个负极性词表（13 751 项）。笔者发现，正极性词表和负极性词表的交集不为空，说明三个词表的标注准则不完全相同。在两个词表中去除交集（336 项）后，最终得到标准极性词表（共23 119 项，包含正极性项 9 884 个，负极性项 13 235 个）。当评估一个产品评论中的观点词的极性分类结果时，只考虑标准极性词表中出现的单词。因此，对于不同的产品评论语料，观点词极性测试集不一定相同，但都是标准极性词表的子集。

其次，对于某个产品的语料，为了评估语料中 { 产品特征 , 观点 } 二元组的极性分类准确率，首先用人工标注的产品特征集合和观点词集合找出所有的 { 产品特征 , 观点 } 搭配，然后对其进行人工极性标注。{ 产品特征 , 观点 } 的极性标注分为 4 类。

负极性：{ 价格 , 高 }、{ 操作 , 烦琐 } 等。

正极性：{ 软件 , 不错 }、{ 内存 , 大 } 等。

---

① http://www.keenage.com/download/sentiment.rar。

② http://nlg18.csie.ntu.edu.tw。

③ http://nlp.csai.tsinghua.edu.cn/lj/。

中性：{ 色彩，不同 }、{ 音效，一般 }、{ 按键，大 } 等。

错误搭配：{ 功能，典雅 }、{ 音质，和 } 等。

上面的例子中，正负极性的 { 产品特征，观点 } 既包含观点词具有先验极性的情况（{ 操作，烦琐 }、{ 软件，不错 }），也包括观点词本身需要更多的上下文才能确定的情况（{ 价格，高 }、{ 内存，大 }）。

中性的情况分为两种：一种是需要进一步的上下文才能做出判断的。比如，{ 按键，大 } 对不同的用户，可能产生不同的极性；另一种是的确为中性的情况，如 { 色彩，不同 }、{ 音效，一般 } 等。

错误的搭配主要来自两种情况：一是由于在构建产品特征和观点词关联的时候依赖一定距离的共现关系，因此存在一些搭配噪声，如 { 功能，典雅 }；另一种来自分词和词性标注错误，比如，{ 音质，和 } 中的 "和" 实际应该是连词，但在实验中被错误地标注成形容词。

最终，只保留正负极性的 { 产品特征，观点 } 作为的标准标注集合，共含 677 条，其中正极性 534 条，负极性 143 条。另外，对每个 { 产品特征，观点 } 二元组都记录其在语料中出现的频率信息，以便后续处理使用。

3. 评价标准

给定抽取的产品特征集合 $E$ 和人工标注的产品特征集 $G$，采用召回率（Recall）和精度（Precision）来评估所抽取的产品特征集合，定义 $\text{Recall} = \frac{|E \cap G|}{|G|}$，$\text{Precision} = \frac{|E|}{|G|}$。此外，由于每个产品特征在语料中出现的次数有差别，还考虑了受频率影响的召回率和精度，定义

$$\text{Recall}_{\text{Freq}} = \frac{\sum x \in E \bigcap G^{\text{Freq}(x)}}{\sum x \in G^{\text{Freq}(x)}}, \quad \text{Precision}_{\text{Freq}} = \frac{\sum x \in E \bigcap G^{\text{Freq}(x)}}{\sum x \in E^{\text{Freq}(x)}},$$ 其中 $\text{Freq}(x)$ 是产品特征 $x$ 在语料中的频率。

对于极性判断，采用正确率（Accuracy）作为评价标准，即

$$\text{Accuracy} = \frac{\text{极性判断正确的项目个数}}{\text{所有待判断项目个数}}。$$ 注意到，此处的待判断项目可以是观点词，也可以是 { 产品特征，观点 } 二元组。

4. 极性分类实验结果

本节在手机评论的语料上对极性分类的结果进行分析。数码相机评论的语料也得到了相似的结果，为节省篇幅，不再给出。

在表 5-10 中，对于不考虑频率的结果，可以看出性能略弱于第 3.4 节给出的结果，但是趋势相同，即若只考虑那些排名较靠前的观点词（按照 SO-

PMI-IR 的绝对值由大到小排列），则正确率会有大幅度提高。对于性能略弱的原因，笔者认为主要来自标准极性词表集本身的标注一致性问题。因为在本实验中构建标准极性词表的时候是采用三个词表的并集，而不是像第 3.4 节中那样使用词表的交集，所以标注一致性会相对较低。

表 5-10  观点词的极性判定

| 观点词个数：| 762 | 571 | 381 | 190 |
|---|---|---|---|---|
| 正确率：| 0.766 | 0.811 | 0.876 | 0.952 |
| 观点词个数（频率）：| 44 126 | 37 103 | 32 732 | 26 872 |
| 正确率（频率）：| 0.839 | 0.885 | 0.893 | 0.898 |

如果考虑频率的影响，整体而言性能有大幅度的提高（从 0.766 到 0.839）。但是如果只考虑那些排名较靠前的观点词，则性能反而比不考虑频率的情况（只考虑排名前 25% 的观点词正确率 0.898，小于 0.952）差。

造成这种现象的原因分析如下：频率较高的词被判断正确的可能性比低频的词高，因为笔者的极性判定方法当频率比较高的时候更加稳定可靠。所以，考虑频率作为权重时，正确率能有大幅度的提高，然而当出现高频的被错分的单词时，整体性能会受到较大的负面影响，因此考虑频率的正确率最高为 0.898。

接下来对 { 产品特征 , 观点 } 的极性分类。从表 5-11 可以看出，只采用观点词的极性对 { 产品特征 , 观点 } 进行极性分类就能取得不错的结果。而直接对 { 产品特征 , 观点 } 二元组进行的极性分类（见表 5-12）比只采用观点词极性的方法（见表 5-11）差。

表 5-11  采用观点词极性对 { 产品特征 , 观点词 } 的极性判定

| { 产品特征 , 观点词 } 个数：| 677 | 507 | 338 | 169 |
|---|---|---|---|---|
| 正确率：| 0.836 | 0.923 | 0.947 | 0.947 |
| { 产品特征 , 观点词 }（频率）：| 2 586 | 1 922 | 1 461 | 712 |
| 正确率（频率）：| 0.916 | 0.955 | 0.963 | 0.966 |

表 5-12  直接对 { 产品特征 , 观点词 } 的极性判定

| { 产品特征 , 观点词 } 个数：| 677 | 507 | 338 | 169 |
|---|---|---|---|---|
| 正确率：| 0.775 | 0.801 | 0.920 | 0.923 |
| { 产品特征 , 观点词 } 个数（频率）：| 2 586 | 1 646 | 1 272 | 486 |
| 正确率（频率）：| 0.808 | 0.868 | 0.958 | 0.940 |

　　为了分析两者之间是否能够相互补充，笔者采用了一个因子 PriorRatio（介于 0 ～ 1）在这两种极性分类之间进行平衡。假设对于一个 {产品特征 , 观点} 二元组 {f,o}，它的观点词 o 的极性分数（SO–PMI–IR）记为 PriorPolarity(o)，直接对 {f,o} 构建查询串得到的分数为 PairPolarity({f,o})，则该二元组 {f,o} 的新极性分数为 PriorRatio × PriorPolarity(o)+(1–*PriorRatio*) × PairPolarity({f,o})。从 0 ～ 1 变化 PriorRatio 的值，得到图 5-7。

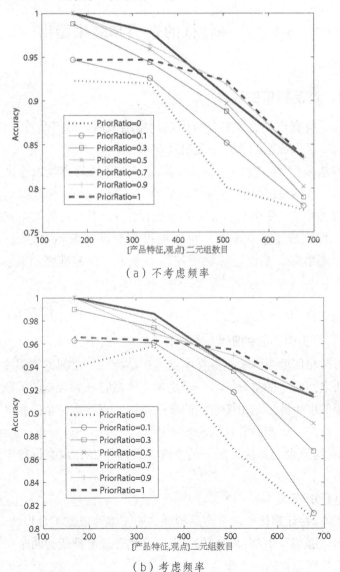

（a）不考虑频率

（b）考虑频率

图 5-7　先验极性的影响（手机）

117

从图 5-7 可以看出，虽然直接对 { 产品特征 , 观点 } 二元组进行的极性分类（PriorRatio=0）性能劣于只采用观点词极性的方法（PriorRatio=1），但是它仍包含有用信息。当这种信息和只采用观点词极性的方法组合的时候，能够在某些情况下进一步提升极性分类的性能。如图 5-7 中 PriorRatio=0.7 的曲线，其性能整体而言优于所组合的两种方法（PriorRatio=0 和 PriorRatio=1）。

## 5.5　产品特征的聚类和结果输出

### 5.5.1　产品特征的聚类

在获得了所有产品特征集合和极性判定结果后，对产品特征进行了聚类，以便将产品特征以成组的方式呈现出来。

聚类方法采用 $k-$ 均值 ($k$-means) 算法。该算法具有收敛速度快、聚类效果好的优势。主要思想是定义 $k$ 个聚类中心 (centroid)，将数据点归入与其距离最近的聚类中心 ( 聚类数目 $k$ 需要预先设定 )。当所有的数据点都被归入某个类别时，即完成了一次聚类。可以通过重新设定聚类中心进行聚类迭代，直到聚类中心收敛。最终，算法要使得一个平方误差准则函数 (squared error function) 最小化。

该目标函数为 $J = \sum_{j=1}^{k} \sum_{i=1}^{nj} \left| x_i^{(j)} - c_j \right|^2$，其中，$\left| x_i^{(j)} - c_j \right|^2$ 代表第 $j$ 个聚类中第 $i$ 个样本点到聚类中心 $c_j$ 的距离。

采用两种相似度矩阵来衡量样本点（产品特征）之间的相似度。一个是基于产品特征之间汉字的重叠，另一个是基于产品特征和观点的关联矩阵。构建出这两个相似度矩阵后，由于它们的维度相同，直接进行矩阵相加。所得混合矩阵的每一行是一个产品特征的向量表达。

对于 $k-$ 均值聚类算法，聚类的个数 $k$ 设置为 20，聚类过程中距离度量采用欧氏距离。

（1）重叠矩阵 $M_F$

重叠矩阵 $M_F$ 计算任意两个产品特征之间文本片段的重合程度。例如，"屏幕显示" 和 "屏幕" 中都包含 "屏幕"，因此有理由推断这两个产品特征是相似的，应该被划分在同一个聚类中。

给定两个产品特征 $a$ 和 $b$，采用如下的公式来计算两者之间的相似度：

$$M_{\mathrm{F}}[\mathrm{idx}(a), \mathrm{idx}(b)] = \frac{\mathrm{length}(a \cap b)}{\mathrm{length}(a) + \mathrm{length}(b)}$$

其中，$\mathrm{idx}(x)$ 是产品特征 $x$ 在产品特征集合中的序号，$\mathrm{length}(x)$ 是返回产品特征的长度（以汉字计）。

（2）关联矩阵 $M_{\mathrm{FO}}$

已知产品特征和观点之间的关联矩阵 $M_{\mathrm{FO}}$，可以用每个产品特征在观点词集合上的分布来计算任意两个产品特征之间的相似度。[140]

将矩阵 $M_{\mathrm{FO}}$ 的每一行（对应一个产品特征）看成是一个向量。然后用向量之间的点积作为任意两个产品特征之间的相似度。

### 5.5.2　输出聚类结果

在本节中，将经过产品特征自动抽取、评级、极性分类和聚类的最终结果以摘要的形式给出。有以下几点需要说明。

Apriori 算法的最小支持度为 0.2%( 占交易的比率 )。

输入的语料是产品的评论语料。

全自动的过程，不需要任何人工干预，不需要词表。自动主观性过滤、产品特征抽取评级、极性判定。

自动极性标注 { 产品特征 , 观点词 } 二元组时，要求该二元组最少出现三次，以防止噪声。

如果在观点词前检测到否定词"不"，极性翻转。

## 5.6　小结

在本章中，为了从中文产品评论语料中抽取产品特征，采用 SBGSet(Skip-Bigram 集合 ) 来表达短的且可变的单词序列。SBGSet 表达的优点是能够将序列转换成集合，从而能够套用 Apriori 算法找出高频的项目集（也即 SBGSet），然后从这些项目集中将单词序列恢复出来。此外，提出了一个基于模板的方法来抽取低频的产品特征。模板也看成是短序列，并采用 SBGSet 表示。

接下来，对已有的产品特征集合进行评级，并对产品特征与观点之间的关联进行分析（极性分类、产品特征聚类）。尤其需要强调的是，在第 3.4 节中提出中文形容词极性判定的方法，可以稍做修改后用来对 { 产品特征 , 观点词 } 二元组的极性进行判定，即在构建查询串的时候将产品特征作为上下文加入查询串。这个性质是其他极性词表构建方法所不具备的。

产品待征分数：

价格 /n 0.142 857

性 /n 价 /n 比 /p 0.076 923

摄像头 /n 0.041 667

价钱 /n 0.031 250

分辨率 /n 0.025 641

%%%%%%%%%%%%%%%%%%%

价钱 /n 便宜 /a(+|N=8 NEG=0)

价钱 /n 高 /a(−|N=7 NEG=2)

价钱 /n 好 /a(+|N=5 NEG=0)

分辨率 /n 高 /a(+|N=34 NEG=2)

分辨率 /n 大 /a(+|N=11 NEG=0)

分辨率 /n 不错 /a (+|N=6 NEG=0 )

摄像头 /n 低 /a(−|N=3 NEG=0)

摄像头 /n 好 /a(+|N=3 NEG=0)

摄像头 /n 是 /a(+|N=3 NEG=0)

价格 /n 便宜 /a(+|N=73 NEG=2)

价格 /n 贵 /a(−|N=35 NEG=12)

价格 /n 实惠 /a(+|N=31 NEG=1)

性 /n 价 /n 比 /p 好 /a (+|N=130 NEG=9)

性 /n 价 /n 比 /p 不错 /a (+|N=37 NEG=0)

性 /n 价 /n 比 /p 好 /a (+|N=20 NEG=0)

聚类极性分布：+:0.888 889　−:0.111 111

产品特征分数：

字体 /n 0.025 000

数字 /n 0.017 857

容量 /n 0.016 949

%%%%%%%%%%%%%%%%%%%

容量 /n 大 /a(+|N=23 NEG=3)

容量 /n 小 /a(−|N=15 NEG=0)

容量 /n 好 /a(+|N=4 NEG=0)

字体 /n 大 /a(−|N=58 NEG=0)

字体 /n 小 /a(−lN=12 NEG=0)

字体 /n 清晰 /a(+lN=6 NEG=0)

数字 /n 大 /a(+lN=48 NEG=0)

数字 /n 小 /a(−lN=5 NEG=1)

数字 /n 清 /a(+lN=5 NEG=4)

聚类极性分布 :+:0.470 238　−:0.529 762

产品待征分数 :

样子 /n 0.052 632

%%%%%%%%%%%%%%%%%%%%

样子 /n 不错 /a (+lN=21 NEC= 1)

样子 /n　好 /a(+lN=15 NEG=l)

样子 /n　好看 /a(+lN=11 NEG=1)

聚类极性分布 : +:1.000 000 −:0.000 000

产品特征分数 :

机身 /n 0.037 037

硬件 /n 0.032 258

镜面 /n 0.017 241

能力 /n 0.015 152

%%%%%%%%%%%%%%%%%%%%

硬件 /n 强大 /3(+lN=11 NEG=0)

硬件 /n 高 /a(−lN=3 NEG=0)

硬件 /n 不错 /a(+lN=2 NEG=0)

能力 /n 强 /a(+lN=9 MEG=1)

能力 /n 弱 /a(−lM=5 NEG=0)

能力 /n 不错 /a(+lN=4 NEG=0)

镜面 /n 容易 /a(−lN=5 NEG=0)

镜面 /n 方便 /a(+lN=3 NEG=0)

镜面 /n 漂亮 /a(+lN=3 NEG=0)

机身 /n 薄 /a(−lH=18 NEG=1)

机身 /n 大 /a(+lN=7 NEG=0)

机身 /n 差 /a(−lN=6 NEG=0)

聚类极性分布: + 0.513 514　−:0.486 486

产品待征分数 :

感觉 /n 0.071 429

牌子 /n 0.029 412

机器 /n 0.017 544

%%%%%%%%%%%%%%%%%%%

牌子 /n 不错 /a(+|N=15 NEG=0)

牌子 /n 好 /a(+|N=7 NEG=l)

牌子 /n 大 /a (+|N=5 NEG= 1)

机器 /n 不错 /a(+|N=26 NEG=0)

机器 /n 好 /3(+|N=19 NEG=4)

机器 /n 高 /a(−|N=12 NEG=0)

感觉 /n 不错 /a(+|N=115 NEG=4)

感觉 /n 好 /a(+|N=102 NEG=12)

感觉 /n 大 /a(−|N=33 NEG=2)

聚类极性分布：+:0.861 290　−: 0.138 710

产品待征分数：

影音 /n 功能 /n 0.035 714

娱乐 /v 功能 /n 0.020 000

# 第6章 总结及未来的工作

## 6.1 总结

本书的工作分为两部分：汉语情感词表构建和产品评论分析。产品评论分析可以看成将情感词表的构建应用到具体问题中。

本书对三种类型的汉语情感词表进行了构建，分别是主观性词表、极性词表和情绪词表。从情感的粒度来看，这大致是一个逐渐细化的过程。

（1）形容词和动词的主观性度量。本书主要从语言学的角度出发，利用语言学的线索（级差性和主体性）自动从无标注语料中度量单词的主观性。在产品评论分析中，笔者采用主观性过滤去除那些主观性低的句子。实验结果显示，这种处理可以降低数据规模并保持甚至提高后续处理的性能。

（2）形容词极性的自动判定。通过对语言中极性非对称性的深入分析，本书提出了一个可以全自动地判定形容词极性的方法。该方法形式简单、准确率高，具有较强的实用性。值得一提的是，该方法简单修改后能应用到 { 产品特征，观点 } 二元组的极性判定，这是其他单词极性判定方法所不具备的。

（3）情绪词表的构建。与主观性和极性的自动判定相比，全自动地对情绪进行识别和判定难度较大。因此，本书采用了半监督的方法，通过一些种子情绪词，结合多种资源扩展出更多的情绪词。为了消除噪声，使用了人工校验。最终构造了"喜怒哀惧惊"五个情绪词表。

为了将情感词表构建工作应用到实际问题，本书选择产品评论分析作为应用背景。针对产品特征，提出了用 Skip-Bigram 集合（SBGSet）表达可变长的短文本序列。基于 SBGSet 的表达，采用已有的关联规则挖掘算法找出高频的产品特征。对于低频的产品特征，采用基于模板的方法来进行抽取。

此外，本书还对产品特征进行评级，确定哪些是重要的产品特征，并对{ 产品特征，观点 } 二元组进行极性判定。最后，对产品特征进行聚类，输出结果。

## 6.2 未来的工作

由于时间和精力所限，情绪词表的构建并没有应用在产品评论分析的工作中。然而，情绪在产品评论分析中的作用已经开始受到研究者的关注。与评价（evaluation）相比，情绪（emotion）呈现出较强的领域独立性。这种性质可以作为一种知识应用于产品评论中极性的判定。

在目前的实验中，选择形容词作为产品特征的观点，而实际语料中存在大量非形容词的观点表达。比如，"×××的屏幕是个垃圾"中的"垃圾"，"这款手机的按键很适合老年人"中的"适合老年人"，等等。在将来的工作中，希望观点不再被限制为形容词，并可以扩充为任意长度的词组。

此外，因为已经构造了产品特征和观点的关联矩阵，一些相关的工作可以展开，如隐特征的识别、观点的聚类等。

# 附录 A　与情感词的搭配抽取结果

## A.1　悦耳

**名词搭配:**

[悦耳 /a 声音 /n（65）];

[悦耳 /a 的 /u 声音 /n（59）];

[悦耳 /a 音乐 /n（51）];

[悦耳 /a 的 /u 音乐 /n（43）];

[声音 /n 悦耳 /a（37）];

[悦耳 /a 声 /n（33）];

[悦耳 /a 的 /u 声 /n（32）];

[悦耳 /a 歌声 /n（21）];

[悦耳 /a 的 /u 歌声 /n（20）];

[声 /n 悦耳 /a（15）];

[悦耳 /a 的 /u 乐曲 /n（13）];

[悦耳 /a 乐曲 /n（13）];

[音乐 /n 悦耳 /a（12）];

[的 /u 声音 /n 悦耳 /a（12）];

[嗓音 /n 悦耳 /a（11）];

[清脆 /a 悦耳 /a 声音 /n（11）];

[的 /u 悦耳 /a 音乐 /n（11）];

[悦耳 /a 的 /u 嗓音 /n（10）];

[悦耳 /a 嗓音 /n（10）];

[悦耳 /a 的 /u 旋律 /n（10）];

[悦耳 /a 旋律 /n（10）];

[清脆 /a 悦耳 /a 的 /u 声音 /n（10）]；

[人 /n 悦耳 /a（9）]；

[悦耳 /a 歌曲 /n（9）]；

[悦耳 /a 的 /u 笑声 /n（9）]；

[悦耳 /a 笑声 /n（9）]；

[悦耳 /a 的 /u 歌曲 /n（8）]；

[发出 /v 悦耳 /a 的 /u 声音 /n（8）]；

[发出 /v 悦耳 /a 声音 /n（8）]；

[的 /u 悦耳 /a 声音 /n（8）]。

**并列：**

[悦耳 /a 动听 /a（91）]；

[清脆 /a 悦耳 /a（56）]；

[清脆 /a 悦耳 /a 的 /u（35）]；

[悦耳 /a 动听 /a 的 /u（35）]；

[悠扬 /a 悦耳 /a（33）]。

**动词搭配：**

[发出 /v 悦耳 /a（32）]；

[听 /v 悦耳 /a（39）]；

[起来 /v 悦耳 /a（24）]；

[听到 /v 悦耳 /a（24）]；

[听到 /v 悦耳 /a 的 /u（23）]；

[发出 /v 悦耳 /a 的 /u（21）]；

[传来 /v 悦耳 /a（10）]；

[有 /v 悦耳 /a（18）]。

**量词搭配：**

[一阵 /m 悦耳 /a 的 /u（14）]；

[一阵 /m 悦耳 /a（14）]；

[一 /m 悦耳 /a（51）]；

[一 /m 悦耳 /a 的 /u（41）]。

**程度副词：**

[ 很 /d 悦耳 /a（20）]；

[ 十分 /d 悦耳 /a（12）]；

[ 更 /d 悦耳 /a（9）]；

[ 非常 /d 悦耳 /a（11）]；

[ 多么 /d 悦耳 /a（8）]。

**否定：**

[ 不 /d 悦耳 /a（31）]；

[ 不 /d 悦耳 /a 的 /u（9）]。

# A.2　可爱

**名词搭配：**

[ 可爱 /a 人 /n（337）]；

[ 可爱 /a 的 /u 人 /n（321）]；

[ 可爱 /a 孩子 /n（233）]；

[ 可爱 /a 的 /u 孩子 /n（226）]；

[ 最 /d 可爱 /a 人 /n（147）]；

[ 最 /d 可爱 /a 的 /u 人 /n（146）]；

[ 人 /n 可爱 /a（119）]；

[ 可爱 /a 姑娘 /n（108）]；

[ 可爱 /a 的 /u 姑娘 /n（103）]；

[ 可爱 /a 处 /n（84）]；

[ 可爱 /a 之 /u 处 /n（72）]。

**修饰关系：**

[ 可爱 /a 的 /u（380）]。

[ 可爱 /a 之 /u（100）]；

代词搭配：

［她 /r 可爱 /a（363）］；
［他 /r 可爱 /a（269）］；
［你 /r 可爱 /a（220）］；
［我 /r 可爱 /a（217）］；
［她 /r 可爱 /a 的 /u（137）］；
［我 /r 可爱 /a 的 /u（132）］；
［他 /r 可爱 /a 的 /u（111）］；
［我们 /r 可爱 /a（77）］；
［他们 /r 可爱 /a（71）］。

修饰关系：

［悦耳 /a 的 /u（451）］。

并列：

［活泼 /a 可爱 /a（221）］；
［活泼 /a 可爱 /a 的 /u（137）］；
［天真 /a 可爱 /a（119）］；
［可敬 /a 可爱 /a（78）］；
［天真 /a 可爱 /a/u（68）］。

动词搭配：

［觉得 /v 可爱 /a（157）］；
［是 /v 个 /q 可爱 /a（122）］；
［是 /v 个 /q 可爱 /a 的 /u（107）］；
［是 /v 最 /d 可爱 /a（106）］；
［是 /v 一个 /m 可爱 /a（104）］。

量词搭配：

［个 /q 可爱 /a（298）］；
［一个 /m 可爱 /a（363）］；
［一 /m 可爱 /a（318）］；

[ 一个 /m 可爱 /a 的 /u（313）]；

[ 一 /m 可爱 /a 的 /u（253）]；

[ 个 /q 可爱 /a 的 /u（262）]。

## 程度副词：

[ 更 /d 可爱 /a（120）]；

[ 最 /d 可爱 /a（365）]；

[ 最 /d 可爱 /a 的 /u（319）]；

[ 很 /d 可爱 /a（318）]；

[ 多么 /d 可爱 /a（167）]；

[ 非常 /d 可爱 /a（151）]；

[ 最 /d 可爱 /a 人 /n（147）]；

[ 最 /d 可爱 /a 的 /u 人 /n（146）]；

[ 那么 /r 可爱 /a（119）]；

[ 十分 /d 可爱 /a（99）]；

[ 很 /d 可爱 /a 的 /u（88）]。

## 否定：

[ 不 /d 可爱 /a（174）]。

# A.3　谴责

## 名词搭配：

[ 发表 /v 声明 /n，/w 谴责 /v（81）]；

[ 谴责 /v 爆炸 /v 事件 /n（79）]；

[ 社会 /n 谴责 /v（78）]；

[ 发表 /v 声明 /n 强烈 /a 谴责 /v（78）]；

[ 强烈 /a 谴责 /v 以色列 /n（77）]；

[ 发表 /v 声明 /n 谴责 /v（77）]；

[ 谴责 /v 政府 /n（77）]；

[ 事件 /n 强烈 /a 谴责 /v（75）]；

[ 政府 /n 谴责 /v（75）]；

[ 国家 /n 谴责 /v（74）]；

[ 谴责 /v 以色列 /n 暗杀 /v（74）]；

[ 谴责 /v 军 /n（73）]；

[ 国际 /n 谴责 /v（73）]；

[ 谴责 /v 以色列 /n 的 /u（72）]；

[ 谴责 /v 当局 /n（72）]；

[ 谴责 /v 分子 /n（71）]；

[ 事件 /n 谴责 /v（70）]；

[ 声明 /n，/w 谴责 /v（69）]；

[ 舆论 /n 谴责 /v（68）]；

[ 谴责 /v 事件 /n（68）]；

[ 声明 /n 强烈 /a 谴责 /v（67）]；

[ 声明 /n 谴责 /v（67）]；

[ 谴责 /v 美国 /n 的 /u（67）]；

[ 谴责 /v 以色列 /n（67）]；

[ 谴责 /v 行径 /n（66）]；

[ 谴责 /v 巴勒斯坦 /n（66）]；

[ 事件 /n 表示 /v 谴责 /v（66）]；

[ 谴责 /v 台湾 /n（65）]；

[ 谴责 /v 形式 /n（65）]；

[ 总统 /n 谴责 /v（65）]；

[ 谴责 /v 伊拉克 /n（65）]；

[ 谴责 /v 美国 /n（65）]；

[ 美国 /n 谴责 /v（64）]；

[，/w 谴责 /v 美国 /n（64）]；

[ 决议 /n 谴责 /v（64）]；

[ 中国 /n 谴责 /v（64）]；

[ 讲话 /n 谴责 /v（63）]；

[ 国际 /n 社会 /n 谴责 /v（63）]；

[ 谴责 /v 恐怖主义 /n（9）]；

[ 国际 /n 强烈 /a 谴责 /v（9）]。

跨距离结构：

[ 对 /p 谴责 /v（71）]。

## 谴责的对象：

[ 谴责 /v 发生 /v 在 /p（84）]；

[ 谴责 /v 这 /r（82）]；

[ 谴责 /v 爆炸 /v 事件 /n（79）]；

[ 谴责 /v 政府 /n（77）]；

[ 谴责 /v 以色列 /n 暗杀 /v（74）]；

[ 谴责 /v 以色列 /n 的 /u（72）]；

[ 谴责 /v 当局 /n（72）]；

[ 谴责 /v 发生 /v（71）]；

[ 谴责 /v 暗杀 /v（70）]；

[ 谴责 /v 杀害 /v（68）]；

[ 谴责 /v 事件 /n（68）]；

[ 谴责 /v 美国 /n 的 /u（67）]；

[ 谴责 /v 袭击 /v（67）]；

[ 谴责 /v 行径 /n（66）]；

[ 谴责 /v 巴勒斯坦 /n（66）]；

[ 谴责 /v 伊拉克 /n（65）]；

[ 谴责 /v 美国 /n（65）]；

[ 谴责 /v 恐怖主义 /n（9）]。

## 动词搭配：

[ 发表 /v 声明 /n，/w 谴责 /v（81）]；

[ 发表 /v 声明 /n 强烈 /a 谴责 /v（78）]；

[ 发表 /v 声明 /n 谴责 /v（77）]；

[ 表示 /v 强烈 /a 谴责 /v（71）]；

[ 声明 /n，/w 谴责 /v（69）]；

[ 声明 /n 强烈 /a 谴责 /v（67）]；

[ 发表 /v 强烈 /a 谴责 /v（67）]；

[ 声明 /n 谴责 /v（67）]；

[说 /v 谴责 /v（67）]；

[表示 /v 谴责 /v（67）]；

[事件 /n 表示 /v 谴责 /v（66）]；

[进行 /v 谴责 /v（65）]；

[日 /j 发表 /v 谴责 /v（76）]；

[予以 /v 谴责 /v（64）]；

[讲话 /n 谴责 /v（63）]；

[发表 /v，/w 谴责 /v（44）]。

**修饰关系：**

[无]。

**代词搭配：**

[无]。

**程度副词：**

[，/w 强烈 /a 谴责 /v（82）]；

[一致 /a 谴责 /v（66）]；

[严厉 /a 谴责 /v（16）]；

[纷纷 /d 谴责 /v（63）]。

**否定：**

[无]。

# A.4 惊讶

**名词搭配：**

[，/w 人 /n 惊讶 /a（131）]；

[令 /v 人 /n 惊讶 /a（122）]；

[人 /n 惊讶 /a 的 /u 是 /v（117）]；

[令 /v 人 /n 惊讶 /a 的 /u（113）]；

[人 /n 惊讶 /a（111）];
[人 /n 惊讶 /a 是 /v（108）];
[人 /n 惊讶 /a，/w（104）];
[人 /n 惊讶 /a 的 /u，/w（31）];
[人 /n 惊讶 /a 的 /u（2）]。

## 动词搭配:

[惊讶 /a 地 /u 看 /v（133）];
[惊讶 /a 地 /u 发现 /v，/w（126）];
[惊讶 /a 地 /u 说 /v（112）];
[，/w 惊讶 /a 发现 /v（110）];
[惊讶 /a 地 /u 发现 /v（110）];
[惊讶 /a 发现 /v，/w（106）];
[惊讶 /a 看 /v 着 /u（105）];
[惊讶 /a 发现 /v（100）];
[惊讶 /a 看 /v（98）]。

## 代词搭配:

[他 /r 惊讶 /a 地 /u（192）];
[，/w 我 /r 惊讶 /a（115）];
[我 /r 惊讶 /a 的 /u（113）];
[她 /r 惊讶 /a（98）];
[他 /r 惊讶 /a（97）];
[我 /r 惊讶 /a（97）];
[我 /r 惊讶 /a，/w（12）]。

## 使动搭配:

[令 /v 人 /n 惊讶 /a（122）];
[人 /n 惊讶 /a 的 /u 是 /v（117）];
[令 /v 人 /n 惊讶 /a 的 /u（113）];
[令 /v 惊讶 /a（110）];
[令 /v 惊讶 /a 的 /u 是 /v（107）];
[，/w 令 /v 惊讶 /a（99）];

[ 令 /v 惊讶 /a 是 /v（98）]；
[ 人 /n 惊讶 /a 的 /u，/w（31）]；
[ 令 /v 惊讶 /a 的 /u（7）]；
[ 人 /n 惊讶 /a 的 /u（2）]。

**感受关系：**

[ 感到 /v 惊讶 /a，/w（116）]；
[ 表示 /v 惊讶 /a（115）]；
[，/w 感到 /v 惊讶 /a（108）]；
[ 感到 /v 惊讶 /a（103）]。

**代词搭配：**

[ 无 ]。

**程度副词：**

[ 很 /d 惊讶 /a，/w（114）]；
[ 十分 /d 惊讶 /a（112）]；
[ 大为 /d 惊讶 /a（101）]；
[ 很 /d 惊讶 /a（101）]；
[ 非常 /d 惊讶 /a（98）]；
[ 惊讶 /a 不已 /v（102）]。

**否定：**

[ 不 /d 惊讶 /a（104）]。

# A.5　高兴

**名词搭配：**

[ 人 /n 高兴 /a 的 /u（41）]；
[ 人 /n 高兴 /a（40）]；

[时 /n 高兴 /a（39）]；
[高兴 /a 中国 /n（37）]。

## 跨距离结构：

[对 /p 高兴 /a（37）]。

## 动词搭配：

[高兴 /a 地 /u 说 /v" /w（48）]；
[我们 /r 高兴 /a 看到 /v（46）]；
[高兴 /a 地 /u 说 /v（44）]；
[高兴 /a 说 /v" /w（41）]；
[高兴 /a 说 /v（39）]；
[我们 /r 高兴 /a 地 /u 看到 /v（38）]；
[高兴 /a 地 /u 看到 /v（38）]。

## 代词搭配：

[我们 /r 高兴 /a（42）]；
[， /w 高兴 /a（42）]；
[我 /r 很 /d 高兴 /a（51）]；
[他 /r 很 /d 高兴 /a（48）]；
[我 /r 高兴 /a（46）]；
[我 /r 非常 /d 高兴 /a（44）]；
[" /w 我 /r 高兴 /a（44）]；
[我们 /r 很 /d 高兴 /a（42）]；
[我们 /r 高兴 /a 地 /u（41）]；
[他 /r 高兴 /a（39）]；
[他 /r 高兴 /a 地 /u（37）]；
[我 /r 感到 /v 高兴 /a（37）]。

## 使动搭配：

[令 /v 高兴 /a 的 /u（43）]；
[人 /n 高兴 /a 的 /u（41）]；
[人 /n 高兴 /a（40）]；

[让 /v 高兴 /a（40）]；
[令 /v 高兴 /a（37）]。

## 感受关系：

[的 /u 感到 /v 高兴 /a（47）]；
[感到 /v 高兴 /a（47）]；
[感到 /v 十分 /d 高兴 /a（44）]；
[感到 /v 非常 /d 高兴 /a（40）]；
[表示 /v 高兴 /a（39）]。

## 程度副词：

["/w 很 /d 高兴 /a（49）]；
[很 /d 高兴 /a，/w（41）]；
[非常 /d 高兴 /a（41）]；
[十分 /d 高兴 /a（37）]。

## 否定：

[不 /d 高兴 /a（38）]。

# A.6 希望

## 希望的目标：

[希望 /v 两 /m 国 /n（847）]；
[希望 /v 工程 /n"/w（872）]；
[，/w 希望 /v 的 /u（861）]；
[，/w 并 /c 希望 /v（849）]；
["/w 希望 /v（840）]；
[我 /r 希望 /v（835）]；
[是 /v 希望 /v（830）]；
[希望 /v 这 /r（819）]；
[希望 /v 两 /m（817）]；

["/w 希望 /v "/w（814）]；

[，/w 希望 /v 能 /v（813）]；

[的 /u 希望 /v（806）]；

[希望 /v 工程 /n（804）]；

[说 /v 希望 /v（802）]；

[希望 /v 的 /u（800）]；

[他 /r 希望 /v（797）]；

[表示 /v，/w 希望 /v（796）]；

[希望 /v 中国 /n（796）]；

[表示 /v 希望 /v（794）]；

[，/w 希望 /v（794）]；

[希望 /v、/w（790）]；

[，/w 希望 /v 在 /p（790）]；

[的 /u，/w 希望 /v（790）]；

[希望 /v 和 /c（787）]；

[希望 /v 双方 /n（783）]；

[希望 /v "/w（782）]；

[希望 /v（780）]；

[希望 /v 加强 /v（779）]；

[有 /v 希望 /v（776）]；

[希望 /v "/w（775）]；

[希望 /v 有关 /v（774）]；

[希望 /v 能 /v（772）]；

["/w 希望 /v 工程 /n "/w（771）]；

[希望 /v 进一步 /d（768）]；

[并 /c 希望 /v（767）]；

[希望 /v 对 /p（767）]；

[不 /d 希望 /v（767）]；

[希望 /v，/w（766）]；

["/w 希望 /v 工程 /n（759）]；

[希望 /v 国 /n（756）]；

[也 /d 希望 /v（754）]；

[希望 /v 一 /m（752）]；

[希望 /v 继续 /v（751）]；

[希望 /v 能够 /v（751）]；

[希望 /v 中 /j（746）]；

[希望 /v 在 /p（744）]；

[希望 /v 与 /p（740）]；

[了 /u 希望 /v（736）]；

[希望 /v 更 /d（734）]；

[希望 /v 有 /v（734）]；

[希望 /v 政府 /n（730）]；

[都 /d 希望 /v（729）]；

[中国 /n 希望 /v（728）]；

[还 /d 希望 /v（727）]；

[和 /c 希望 /v（727）]；

[我们 /r 希望 /v（727）]；

[希望 /v 多 /a（722）]；

[希望 /v 通过 /p（720）]。

## A.7　笨蛋

**所有搭配：**

[笨蛋 /n，/w 你 /r（29）]；

[笨蛋 /n，/w（20）]；

[你 /r 是 /v 笨蛋 /n（19）]；

[那 /r 笨蛋 /n（18）]；

[是 /v 一个 /m 笨蛋 /n（18）]；

[这个 /r 笨蛋 /n（18）]；

[真 /d 是 /v 笨蛋 /n（17）]；

[都 /d 是 /v 笨蛋 /n（17）]；

[这些 /r 笨蛋 /n（17）]；

[笨蛋 /n 一 /m（16）]；

[是 /v 个 /q 大 /a 笨蛋 /n（16）]；

[ 我 /r 是 /v 个 /q 笨蛋 /n（16）];
[ 我 /r 笨蛋 /n（16）];
[ : /w " /w 笨蛋 /n（16）];
[ , /w 你 /r 这个 /r 笨蛋 /n（16）];
[ 是 /v, /w 笨蛋 /n（16）];
[ " /w 笨蛋 /n, /w（16）];
[ 我 /r 个 /q 笨蛋 /n（15）];
[ 个 /q 大 /a 笨蛋 /n（15）];
[ 笨蛋 /n 我 /r（15）];
[ , /w 你 /r 笨蛋 /n（15）];
[ 你 /r 笨蛋 /n, /w（15）];
[ 你 /r 这个 /r 笨蛋 /n, /w（15）];
[ 你 /r 这 /r 笨蛋 /n（15）];
[ , /w 个 /q 笨蛋 /n（15）];
[ 笨蛋 /n, /w 是 /v（15）];
[ 我 /r 是 /v 笨蛋 /n（15）];
[ 笨蛋 /n（15）];
[ 笨蛋 /n, /w 我 /r（15）];
[ 小 /a 笨蛋 /n（15）];
[ 是 /v 个 /q 笨蛋 /n, /w（15）];
[ 笨蛋 /n 他 /r（14）];
[ 笨蛋 /n 你 /r（14）];
[ 个 /q 笨蛋 /n, /w（14）];
[ 是 /v 大 /a 笨蛋 /n（14）];
[ 不 /d 笨蛋 /n（14）];
[ , /w 这个 /r 笨蛋 /n（14）];
[ 一个 /m 笨蛋 /n（14）];
[ 这个 /r 笨蛋 /n, /w（14）];
[ 笨蛋 /n " /c（14）];
[ 笨蛋 /n 都 /d（14）];
[ : /w 笨蛋 /n（14）];
[ " /w 是 /v 笨蛋 /n（14）];
[ 是 /v 笨蛋 /n（14）];

[ 是 /a 笨蛋 /n（14）]；

[ 个 /q 的 /u 笨蛋 /n（14）]；

[ 那个 /r 笨蛋 /n（14）]；

[ 是 /v 的 /u 笨蛋 /n（14）]；

[ 他 /r 笨蛋 /n（14）]；

[ 你 /r 这个 /r 笨蛋 /n（14）]；

[ 的 /u 笨蛋 /n, /w（14）]；

[, /w 笨蛋 /n（14）]；

[ 真 /d 笨蛋 /n（13）]；

[ 笨蛋 /n 不 /d（13）]；

[ 笨蛋 /n 是 /v（13）]；

[ 都 /d 笨蛋 /n（13）]；

[ 你 /r 笨蛋 /n（13）]；

[ 个 /q 笨蛋 /n（13）]；

[ 这 /r 笨蛋 /n（13）]；

[ 的 /b 笨蛋 /n（13）]；

[ 笨蛋 /n、/w（13）]；

[" /w 笨蛋 /n" /c（13）]；

[ 笨蛋 /n 了 /u（13）]；

[ 一个 /m 笨蛋 /n, /w（13）]；

[ 你们 /r 笨蛋 /n（13）]；

[ 笨蛋 /n, /w 不 /d（13）]；

[ 笨蛋 /n, /w 他 /r（13）]；

[" /w 笨蛋 /n（13）]；

[ 大 /a 笨蛋 /n（13）]；

[, /w 是 /v 笨蛋 /n（13）]；

[ 是 /v 个 /q 笨蛋 /n（13）]；

[ 是 /v 笨蛋 /n, /w（13）]；

[ 的 /u 笨蛋 /n（13）]；

[ 不 /d 是 /v 笨蛋 /n（7）]；

[ 你 /r, /w 笨蛋 /n（1）]；

[ 笨蛋 /n 的 /b（0）]。

# A.8　多

**与名词的搭配：**

［人 /n 多 /a（475）］；
［多 /a 中国 /n（469）］；
［中国 /n 多 /a（421）］；
［多 /a 人 /n（420）］。

**与程度副词的搭配：**

［最 /d 多 /a 的 /u（473）］；
［最 /d 多 /a（443）］；
［的 /u 更 /d 多 /a（436）］；
［更 /d 多 /a（426）］；
［越来越 /d 多 /a 的 /u（424）］；
［更 /d 多 /a 的 /u（419）］；
［越来越 /d 多 /a（417）］；
［很 /d 多 /a（417）］。

**其他：**

［多 /a 的 /b（542）］；
［多 /a，/w（452）］；
［和 /c 多 /a（450）］；
［多 /a、/w（450）］；
［有 /v 多 /a（449）］；
［的 /u 多 /a（445）］；
［有 /m 多 /a（437）］；
［多 /a 是 /v（436）］；
［的 /b 多 /a（435）］；
［个 /q 多 /a（431）］；

[将 /d 多 /a（429）]；

[多 /a 的 /u（428）]；

[多 /a 在 /p（427）]；

[在 /p 多 /a（427）]；

[多 /a 受伤 /v（425）]；

[多 /a 万 /m（424）]；

[一 /m 多 /a（424）]；

[了 /u 多 /a（423）]；

[多 /a 一 /m（422）]；

[多 /a（422）]；

[造成 /v 多 /a（421）]；

[多 /a 和 /c（421）]；

[、/w 多 /a（419）]；

[，/w 多 /a（419）]；

[多 /a 了 /u（418）]；

[是 /v 多 /a（417）]；

[年 /q 多 /a（40）]。

# 参考文献

[1] WINTNER SHULY. What science underlies natural language engineering? [J]. Computational Linguistics, 2009, 35(4): 641–644.

[2] WIEBE J, RILOFF E. Creating subjective and objective sentence classifiers from unannotated texts[C]// Proceedings of the Conference on Computational Linguistics and Intelligent Text Processing (CICLing), number 3406 in Lecture Notes in Computer Science, 2005.

[3] ORTONY A, TURNER T J. What's basic about basic emotions! [J]. Psychological Review, 1990,97(3):315–331.

[4] PANG B. Opinion mining and sentiment analysis. [C]// International Conference on Computing for Sustainable Global Development,2008.

[5] LIN H Y, YANG C H CHEN H H. What emotions do news articles trigger in their readers[C]// Proceedings of 30th Annual International ACM SIGIR Conference, 2007.

[6] LIN H Y, CHEN H H. Ranking reader emotions using pairwise loss minimization and emotional distribution regression[C]// Conference on Empirical Methods in Natural Language Processing, 2008.

[7] LIN H Y, YANG C H, CHEN H H. Emotion classification of online news articles from the reader's perspective[C]// Proceedings of International Conference on Web Intelligence, 2008.

[8] BBHOWMICK P K , BA SU A , MITRA P . Reader perspective emotion analysis in text through ensemble based multi–label classification framework[J]. Computer and Information Science, 2009,2(4): 64–74.

[9] NEVIAROUSKAYA ALENA, PRENDINGER HELMUT, ISHIZUKA MITSURU. Recognition of affect, judgment, and appreciation in text[C]// Proceedings of the 23rd International Conference on Computational Linguistics (Coling 2010), 2010.

[10] POLANYI LIVIA, ZAENEN ANNIE. Contextual lexical valence shifters[C]// Yan

Qu, James Shanahan, and Janyce Wiebe, editors, Proceedings of the AAAI Spring Symposium on Exploring Attitude and Affect in Text:Theories and Applications. AAAI Press, 2004.

[11] JIA L, YU C, MENG W. The effect of negation on sentiment analysis and retrieval effectiveness[C]// Proceedings of CIKM, 2009.

[12] LI S, LEE S, CHENG Y, et al. Sentiment classification and polarity shifting[C]// Proceedings of COLING-10, 2010.

[13] XU X Y, TAO J H, et al. The study of affective categorization in chinese[C]// The 1st Chinese Conference on Affective Computing and Intelligent Interaction. Beijing, China, 2003.

[14] XU L H, LIN H F, PAN Y, et al. Constructing the afective lexicon ontology[J]. Journal of the china society for scientific and technical information, 2008, 27: 180-185.

[15] 林传鼎. 社会主义心理学中的情绪问题 [J]. 社会心理科学, 2006, 21(83): 37, 62.

[16] ORTONY A, CLORE G L, FOSS M A. The referential structure of the affective lexicon[J]. Cognitive Science, 1987, 11: 341-364.

[17] WIEBE JANYCE, WILSON THERESA, CARDIE CLAIRE. Annotating expressions of opinions and emotions in language[J]. Language Resources and Evaluation (formerly Computers and the Humanities), 2005, 39(2/3): 164-210.

[18] ANN WILSON THERESA. Fine-grained subjectivity and sentiment analysis:recognizing the intensity, polarity, and attitudes of private states[D]. Pittsburgh: University of Pittsburgh, 2008.

[19] WIEBE J M. Tracking point of view in narrative[J]. Computational Linguistics, 1994, 20(2): 233-287.

[20] STRAPPARAVA C, VALITUTTI A. Wordnet-affect: an affective extension of wordnet[C]// Proceedings of the 4th International Conference on Language Resources and Evaluation, 2004.

[21] HATZIVASSILOGLOU VASILEIOS, MCKEOWN KATHLEEN. Predicting the semantic orientation of adjectives[C]// Proceedings of the Joint ACL/EACL Conference.

[22] HATZIVASSILOGLOU VASILEIOS, WIEBE JANYCE. Effects of adjective orientation and gradability on sentence subjectivity[C]// Proceedings of the International Conference on Computational Linguistics (COLING), 2000.

[23] RILOFF ELLEN, SHEPHERD JESSICA. A corpus-based approach for building semantic lexicons[C]// Proceedings of the Second Conference on Empirical Methods in

Natural Language Processing, 1997.

[24] WIEBE J. Learning subjective adjectives from corpora[C]// Proceedings of the American Association for Artificial Intelligence (AAAI 2000), 2000.

[25] TURNEY P D. Thumbs up or thumbs down? Semantic orientation applied to unsupervised classification of reviews[C]// Association for Computational Linguistics, 2002.

[26] TURNEY P D, LITTMAN M L. Measuring praise and criticism:Inference of semantic orientation from association[J]. ACM Transactions on Information Systems (TOIS), 2003, 21 (4): 315-346.

[27] TABOADA MAITE, ANTHONY CAROLINE, VOLL KIMBERLY. Methods for creating semantic ori- entation dictionaries Riloff[C]// Conference on Language Resources and Evaluation (LREC), 2006.

[28] RILOFF ELLEN, WIEBE JANYCE, WILSON THERESA. Learning subjective nouns using extraction pattern bootstrapping[C]// Proceedings of the Conference on Natural Language Learning (CoNLL), 2003.

[29] KIM SOO-MIN, HOVY EDUARD. Determining the sentiment of opinions[C]// Proceedings of the International Conference on Computational Linguistics (COLING), 2004.

[30] BARONI MARCO, VEGNADUZZO STEFANO. Identifying subjective adjectives through web-based mutual information[C]// Proceedings of the 7th Konferenz zur Verarbeitung Nat ü rlicher Sprache (German Conference on Natural Language Processing -KONVENS' 04, 2004.

[31] YUEN R, CHAN T, LAI T, et al. Morpheme-based derivation of bipolar semantic orientation of chinese words[C]// Proceedings of COLING' 04, 2004.

[32] KAMPS JAAP, MARX MAARTEN, MOKKEN ROBERT J, et al. Using WordNet to measure semantic orientation of adjectives[C]// International Conference on Language Resources & Evaluation. European Language Resources Association (ELRA), 2004.

[33] VELIKOVICH LEONID, GOLDENSOHN SASHA B, HANNAN KERRY, et al. The viability of web-derived polarity lexicons[C]// Human Language Technologies:The 2010 Annual Conference of the North American Chapter of the Association for Computational Linguistics (2010), 2010.

[34] M GAMON, A AUE. Automatic identification of sentiment vocabulary exploiting low association with known sentiment terms[C]// Proceedings of the ACL Workshop on

Feature Engineering for Machine Learning in NLP, 2005.

[35] HIROYA TAKAMURA, TAKASHI INUI, MANABU OKUMURA. Extracting semantic orientation of words using spin model[C]// Proceedings of the Association for Computational Linguistics (ACL), 2005.

[36] THERESA WILSON, JANYCE WIEBE, PAUL HOFFMANN. Recognizing contextual polarity in phrase-level sentiment analysis[C]// Proceedings of the Human Language Technology Conference and the Conference on Empirical Methods in Natural Language Processing (HLT/EMNLP), 2005.

[37] HIROYA TAKAMURA, TAKASHI INUI, MANABU OKUMURA. Latent variable models for semantic orientations of phrases[C]// Proceedings of the European Chapter of the Association for Computational Linguistics (EACL), 2006.

[38] HIROSHI KANAYAMA, TETSUYA NASUKAWA. Fully automatic lexicon expansion for domain- oriented sentiment analysis[C]// Proceedings of the Conference on Empirical Methods in Natural Language Processing (EMNLP), 2006.

[39] ANDREW B. GOLDBERG, XIAOJIN ZHU. Seeing stars when there aren't many stars:graph- based semi-supervised learning for sentiment categorization[C]// The First Workshop on Graph Based Methods for Natural Language Processing, 2006.

[40] DELIP RAO, D RAVICHANDRAN. Semi-supervised polarity lexicon induction[C]// Proceedings of the 12th Conference of the European Chapter of the Association for Computational Linguistics, 2009.

[41] ANDREA ESULI, FABRIZIO SEBASTIANI. Determining term subjectivity and term orientation for opinion mining[C]// European Chapter of the Association for Computational Linguistics (EACL), 2006.

[42] YANG C.H., KEVIN HSIN-YIH LIN, HSIN-HSI CHEN. Building emotion lexicon from weblog corpora[C]// ACL 2007, Proceedings of the 45th Annual Meeting of the Association for Computational Linguistics, June 23-30, 2007, Prague, Czech Republic. DBLP, 2007.

[43] NOBUHIRO KAJI, MASARU KITSUREGAWA. Building lexicon for sentiment analysis from mas- sive collection of HTML documents[C]// Proceedings of the 2007 Joint Conference on Empirical Methods in Natural Language Processing and Computational Natural Language Learning (EMNLP-CoNLL),2007.

[44] ANDREA ESULI, FABRIZIO SEBASTIANI. Pageranking wordnet synsets:An application to opin- ion mining[C]// Acl, Meeting of the Association for Computational

Linguistics, June, Prague, Czech Republic. DBLP, 2007.

[45] ANDREA ESULI. Automatic Generation of Lexical Resources for Opinion Mining:Models, Algorithms and Applications[D]. PISA: UNIVERSITY of PISA, 2008.

[46] RADA MIHALCEA, CARMEN BANEA, JANYCE WIEBE. Learning multilingual subjective language via cross-lingual [C]// Meeting of the Association of Computational Linguistics，2007.

[47] FANGZHONG SU, KATJA MARKERT. Eliciting subjectivity and polarity judgements on word senses[C]// Proceedings of the 2nd workshop on Information Retrieval for Question Answering, 2008.

[48] CARMEN BANEA, RADA MIHALCEA, JANYCE WIEBE. A bootstrapping method for building subjectivity lexicons for languages with scarce resources[C]// International Conference on Language Resources & Evaluation. DBLP, 2008..

[49] YAW GYAMFI, JANYCE WIEBE, RADA MIHALCEA, et al. Integrating knowledge for subjectivity sense labeling[J]. Unt Scholarly Works, 2009（9）:10-18.

[50] VALENTIN JIJKOUN, KATJA HOFMANN. Generating a non-english subjectivity lexicon:Rela- tions that matter[C]// Conference of the European Chapter of the Association for Computational Linguistics. Association for Computational Linguistics, 2009.

[51] Y CHOI, C CARDIE. Adapting a polarity lexicon using integer linear programming for domain-specific sentiment classification[C]// Conference on Empirical Methods in Natural Language Processing (EMNLP), 2009.

[52] YUE LU, MALU CASTELLANOS, UMESHWAR DAYAL CHENGXIANG ZHAI. Automatic construction of a context-aware sentiment lexicon :An optimization approach[C]// International Conference on World Wide Web. DBLP, 2011.

[53] VALENTIN JIJKOUN, MAARTEN DE RIJKE, WOUTER WEERKAMP. Generating focused topic- specific sentiment lexicons[C]// In Proceedings of the 48th Annual Meeting of the Association for Computational Linguistics, 2010.

[54] FERMÍN L CRUZ, JOSÉ A TROYANO, F JAVIER ORTEGA, et al. Automatic expansion of feature-level opinion lexicons[C]// Proceedings of the 2nd Workshop on Computational Approaches to Subjectivity and Sentiment Analysis (WASSA 2.011) (June 2011), 2011.

[55] SAIF MOHAMMAD, BONNIE DORR, CODY DUNNE. Generating high-coverage semantic orientation lexicons from overtly marked words and a thesaurus[C]//

Proceedings of the Conference on Empirical Methods in Natural Language Processing (EMNLP-2009), Singapore, 2009.

[56] A DAS , S BANDYOPADHYAY. Sentiwordnet for indian languages[C]// The 8th Workshop on Asian Language Resources (ALR), August 21-22, Beijing, China, 2010.

[57] XU Ge, MENG XinFan, WANG HouFeng. Build chinese emotion lexicons using a graph- based algorithm and multiple resources[C]// Coling, 2010.

[58] ISA MAKS , PIEK VOSSEN. A verb lexicon model for deep sentiment analysis and [C]// Proceedings of the 2nd Workshop on Computational Approaches to Subjectivity and Sentiment Analysis (WASSA 2011), 2011.

[59] AMIT GOYAL , HAL DAUMÉIII. Generating semantic orientation lexicon using large data and thesaurus[C]// The workshop WASSA-11 (in conjunction with ACL 2011), 2011.

[60] YOSHIMITSU TORII, DIPANKAR DAS, SIVAJI BANDYOPADHYAY, et al. Developing japanese wordnet affect for analyzing emotions[J]. International Journal on SOCIAL MEDIA,2011(11):1-2.

[61] 王国璋 . 汉语褒贬义词语用法词典 [M]. 北京：华语教学出版社 , 2001.

[62] 许小颖，陶建华 . 汉语情感系统中情感划分的研究 [C]// 第一届中国情感计算及智能交互学术会议 论文集 , 2003.

[63] 朱嫣岚，闵锦，周雅倩 . 基于 HowNet 的词汇语义倾向计算 [J]. 中文信息学报 , 2006, 20(1)：14-20.

[64] 姚天昉，娄德成 . 汉语情感词语义倾向判别的研究 [C]// 中国计算技术与语言问题研究——第七届 中文信息处理国际会议论文集 , 2007.

[65] 姚天昉，娄德成 . 汉语语句主题语义倾向分析方法的研究 [J]. 中文信息学报 , 2007 (5)：73-79.

[66] 徐琳宏，林鸿飞 . 基于语义特征和本体的语篇情感计算 [J]. 计算机研究与发展 , 2007, 44(Z2): 356-360.

[67] 徐琳宏，林鸿飞，潘宇 . 情感词汇本体的构造 [J]. 情报学报 , 2008, 27(2): 180-185.

[68] 徐琳宏，林鸿飞，赵晶 . 情感语料库的构建和分析 [J]. 中文信息学报 , 2008, 22(1): 116-122.

[69] 张锦明 . 中文语义倾向识别的关键算法研究 [D]. 北京 : 北京邮电大学 , 2008.

[70] 王一牛，周立明，罗跃嘉 . 汉语情感词系统的初步编制及评定 [J]. 中国心理卫生杂志 , 2008(8): 608-612.

[71] 陈建美 . 中文情感词汇本体的构建及其应用 [D]. 大连 : 大连理工大学 , 2009.

[72] 陈建美，林鸿飞，杨志豪 . 基于语法的情感词汇自动获取 [J]. 智能系统学报，2009(2): 100–106.

[73] 王素格，李德玉，魏英杰，等 . 基于同义词的词汇情感倾向判别方法 [J]. 中文信息学报，2009(5): 68–74.

[74] 杜伟夫，谭松波，云晓春，等 . 一种新的情感词汇语义倾向计算方法 [J]. 计算机研究与发展，2009(10): 1713–1720.

[75] 柳位平，朱艳辉，栗春亮，等 . 中文基础情感词词典构建方法研究 [J]. 计算机应用，2009(10): 2875–2877.

[76] 李荣军，王小捷，周延泉 . Pagerank 模型在中文情感词极性判别中的应用 [J]. 北京邮电大学学报，2010(5): 141–144.

[77] 孙慧，关毅，董喜双 . 中文情感词倾向消歧 . 第六届全国信息检索学术会议论文集 [C]. 中国中文信息学会信息检索与内容安全专业委员会：中国中文信息学会，2010: 7.

[78] 崔大志，李媛 . 网络评论情感语料库的构建研究 [J]. 中国社会科学院研究生院学报，2010(4): 119–123.

[79] 李媛 . 在线产品评论多情感语料库的构建与模糊计算 [D]. 大连：大连理工大学，2010.

[80] 佘正炜，钱松荣 . 基于神经网络的情感词汇自动获得方法 [J]. 微型电脑应用，2011(11): 33–36.

[81] 肖健，徐建，朱姝，等 . 基于翻译和语义方法的情感词挖掘研究 [J]. 计算机工程与应用，2011(32): 173–176.

[82] 金宇，朱洪波，王亚强，等 . 基于直推式学习的中文情感词极性判别 [J]. 计算机工程与应用，2011(34): 164–167.

[83] Philip J. Stone. The General Inquirer:A Computer Approach to Content Analysis[M]. Massachusetts: The MIT Press, 1966.

[84] Ellen Riloff, Janyce Wiebe. Learning extraction patterns for subjective expressions[J]. Empirical Methods in Natural Language Processing, 2003(3): 105–112.

[85] Soo–Min Kim, Eduard Hovy. Determining the sentiment of opinions[J]. Computational Linguistics , 2004(4): 65–70.

[86] Andrew B. Goldberg, Nathanael Fillmore, David Andrzejewski, et al. May all your wishes come true:a study of wishes and how to recognize them[C]. Boulder: Association for computational Linguistics: 263–271.

[87] L.W. Ku, H.H. Chen. Mining opinions from the web:Beyond relevance retrieval[J].

Journal of the American Society for Information Science and Technology, 2007, 58(12): 1838–1850.

[88] J. Kleinberg. Authoritative sources in a hyperlinked environment[J]. Journal of the ACM, 1999, 46(5): 604–632.

[89] Angeliki Athanasiadou. On the subjectivity of intensifiers[J]. Language Sciences, 2007(29): 554–565.

[90] T. Zagibalov, J. Carroll. Automatic seed word selection for unsupervised sentiment classification of chinese text[C]. Manchester: Coling 2008 Organizing Committee: 1079–1080.

[91] 赵军. 极性程度副词研究 [D]. 上海：上海市师范大学, 2006.

[92] E. Benveniste. Subjectivity in language[J]. Journal de psycdogie, 1958(55): 223–230.

[93] E. Ochs, B. B. Schieffelin. Language has a heart[J]. Text and Talk, 1989(9): 7–25.

[94] D. Zhou, O. Bousquet, T.N. Lal, et al. Ranking on data manifolds[C]. In 18th Annual Conf. on Neural Information Processing System, 2003: 169–176.

[95] Shiwen Yu, Huiming Duan, Bin Swen, et al. Specification for corpus processing at peking university:Word segmentation, pos tagging and phonetic notation[J]. Journal of Chinese Language and Computing, 2003(5): 13.

[96] 赵军. 极性程度副词研究 [D]. 上海：华东师范大学, 2006.

[97] 张舸. 现代汉语程度副词研究的回顾、问题与展望 [J]. 思想战线, 2008,34(1): 110–114.

[98] 刘伟乾. 现代汉语程度副词的范围界定状况考察 [M]. 现代语文 ( 语言研究版 ), 2009(3): 77–79.

[99] Vasileios Hatzivassiloglou , Kathleen McKeown. Predicting the semantic orientation of adjectives[J]. In Proceedings of the Joint ACL/EACL Conference, 1997(98): 174–181.

[100] Dexi Zhu. Lecture Notes on Chinese Grammar[M]. Beijing: The Commercial Press, 1982.

[101] 俞士汶, 段慧明, 朱学锋, 等. 北京大学现代汉语语料库基本加工规范 [J]. 中文信息学报, 2002, 16(5)：49–64.

[102] Hanghang Teng, Jing rui He, Mingjing Li, et al. Graph based multi–modality learning[J]. In Proceedings of the 13th Annual ACM international Conference on Multimedia, 2005(5): 862–871.

[103] Peter Turney. Thumbs up or thumbs down? Semantic orientation applied to unsupervised classification of reviews[J]. Association for Computational Linguistics

(ACL), 2002(2): 417–424.

[104] Y Wu, M. Wen.Disambiguating dynamic sentiment ambiguous adjectives[C]// COLING 2010, 23rd International Confevence on Computational linguistics, 2010.

[105] J. BOUCHER, C. E OSGOOD. The pollyanna hypothesis[J]. Journal of Verbal Learning and Verbal Behaviour, 1969(8): 1–8.

[106] MICHAEL ISRAEL. The pragmatics of polarity[M]. Oxford: John Wiley & Sons, ltd, 2008.

[107] G. LEECH. Principles of pragmatics[M]. London:Longman, 1983.

[108] DWIGHT BOLINGER. Degree Words[M]. Paris:Mouton, 1972.

[109] T.B. ERNST. Towards an integrated theory of adverb position in English[M]. Bloomington:Indiana University, 1984.

[110] R. QUIRK, S. GREENBAUM, G. LEECH, AND J. SVARTVIK. A comprehensive grammar of the English language[M]. London:Longman, 1985.

[111] Henny Klein. Adverbs of degree in Dutch and related languages[M]. Amsterdam/Philadelphia:John Benjamins Publishing Company, 1998.

[112] 吕叔湘 . 现代汉语八百词 [M]. 北京 : 商务印书馆 , 2006.

[113] 田宏梅 . 利用汉语语料库研究词语搭配——以 "有点" 为例 [J]. 暨南大学华文学院学报 , 2006(3): 67–73.

[114] 孙智慧 . 关于 "有点" 的几点思考 [J]. 现代语文 ( 语言研究 ), 2008(12): 51–52.

[115] OSAMU SAWADA. The meanings of positive polarity minimizers in japanese:a unified ap– proach[J]. Proceedings of Salt, 2011（20）： 599–617.

[116] LIHI YARIV–LAOR, TAMAR SOVRAN. The structure of linguistic asymmetry:Evidence from hebrew and chinese[J]. Poznań Studies in Contemporary Linguistics, 1998(34): 199–213.

[117] 朱德熙 . 语法讲义 [M]. 北京 : 商务印书馆 , 1982.

[118] Ying Chen, Sophia Y. M. Lee, Churen Huang. A cognitive–based annotation system for emotion computing[J]. Third Linguistic Annotation Workshop, 2009(8): 1–9.

[119] D. ZHOU, O. BOUSQUET, T. LAL. Learning with local and global consistency[M]. Massachusetts: The MIT Press, 2004.

[120] WAN Xiaojun, XIAO Jianguo. Graph–based multi–modality learning for topic–focused multi– document summarization[J]. IJCAI 2009, 2009.

[121] ZHU X, GHAHRAMANI Z. Learning from labeled and unlabeled data with label prop–agation[J].Technical Report CMUCALD02107, 2002.

[122] SINDHWANI V, NIYOGI P, BELKIN M. A co-regularization approach to semisupervised learning with multiple views[J]. ICML Workshop on Learning with Multiple views, 2005.

[123] ZHOU D, BURGES C J C. Spectral clustering and transductive learning with multiple views[C]//Proceedings of the 24th international conference on Machine learning, 2007.

[124] BLUM A, MITCHELL T. Combining labeled and unlabeled data with co-training[C]// Proceedings of the 11th Annual Conference on Computational Learning Theory, 1998.

[125] LIU Yang, YU Jiangsheng, YU Shiwen. The ccd construction model and its auxiliary tool vacol[J]. Applied Linguistics, 2003, 45: 83-88.

[126] GUTHRIE D, ALLISON B, LIU W, et al. A closer look at skip-gram mod-elling[C]// Proceedings of the 5th international Conference on Language Resources and Evaluation (LREC-2006), 2006.

[127] LIN C Y, OCH F J. Automatic evaluation of machine translation quality using longest common subsequence and skip-bigram statistics[C]//Proceedings of 42nd Annual Meeting of ACL (ACL 2004), Barcelona, Spain, 2004.

[128] HU M, LIU B. Mining opinion features in customer reviews[C]//Proceedings of Nineteeth National Conference on Artificial Intellgience (AAAI-2004), 2004.

[129] HU M, LIU B. Mining and summarizing customer reviews[C]//Proceedings of the ACM SIGKDD Conference on Knowledge Discovery and Data Mining (KDD), 2004.

[130] HU Minqing, LIU Bing. Opinion feature extraction using class sequential rules[C]// AAAI Spring Symposium on Computational Approaches to Analyzing Weblogs, Palo Alto, USA, 2006.

[131] POPESCU A M, ETZIONI O. Extracting product features and opinions from reviews[C]// Proceedings of the Human Language Technology Conference and the Conference on Empirical Methods in Natural Language Processing (HLT/EMNLP), 2005.

[132] FUJII A, ISHIKAWA T. A system for summarizing and visualizing arguments in subjec- tive documents:Toward supporting decision making[C]//Proceedings of the Workshop on Sentiment and Subjectivity in Text, ACL2006, 2006.

[133] RAYID GHANI, KATHARINA PROBST, LIU YAN, et al. Text mining for product attribute extraction[J].SIGKDD.Explorations.Newsletter, 2006,8(1): 41-48.

[134] LIU Jingjing, CAO Yunbo, LIN CHIN-YEW,et al.Low-quality product review detection in opinion summarization[C]//Proceedings of the Joint Conference on Empirical Methods in Natural Language Processing and Computational Natural Language Learning(EMNLP-CoNLL), 2007.

[135] CHRISTOPHER SCAFFIDI, KEVIN BIERHOFF,ERIC CHANG,et al.Redopal:prod-uct–feature scoring from reviews[C]//Proceedings of the 8th ACM conference on Elec-tronic commerce,2007.

[136] WANG Bo, WANG Houfeng.Bootstrapping both product features and opinion words from chinese customer reviews with cross–inducing[C]//Proceedings of IJCNLP 2008, 2008.

[137] DU W F,TAN S B. An iterative reinforcement approach for fine–grained opinion min-ing[C]//Proceedings of the Annual Conference of the North American Chapter of the Association for Computational Linguistics,2009.

[138] QIU G, LIU B, BU J, et al. Expanding domain sentiment lexicon through double prop-agation[J].International Joint Conference on Artificial Intelligence(IJCAI–09), 2009.

[139] SU Q, XU X, GUO H, et al. Hidden sentiment association in chinese web opinion min-ing[C]//WWW 2008, 2008.

[140] ZHANG Lei, LIU Bing. Extracting and ranking product features in opinion docu-ments[C]//Proceedings of the 23rd International Conference on Computational Linguis-tics (COLING–2010), 2010.

[141] LILIANA FERREIRA, NIKLAS JAKOB, IRYNA GUREVYCH. A comparative study of feature extraction algorithms in customer reviews[C]//2008 IEEE International Con-ference on Semantic Computing, 2008.

[142] SANTOSH RAJU, PRANEETH SHISHTLA, VASUDEVA VARMA. A graph cluster-ing approach to product attribute extraction[C]// IICAI, 2009.

[143] MENG Xinfan, WANG Houfeng. Mining user reviews:from specification to Summari-zation[C]//ACL/AFNLP (Short Papers), 2009.

[144] LI Fangtao, HAN Chao, HUANG Minlie, et al. Structure–aware review mining and summarization[C]//COLING, 2010.

[145] ZHANG Kunpeng, RAMANATHAN NARAYANAN, ALOK CHOUDHARY. Voice of the customers:mining online customer reviews for product feature–based ranking[C]// Proceedings of the 3rd conference on online social networks, 2010.

[146] KHAN K, BAHARUDIN B B, KHAN A, et al. Automatic extraction of features and opinion–oriented sentences from customer reviews[C]//World Academy of Science, Engineering and Technology, 2010.

[147] ZHAO YANYAN, QIN BING, HU SHEN, et al. Generalizing syntactic structures for product attribute candidate extraction[C]//Human Language Technologies:The 2010 Annual Conference of the North American Chapter of the ACL, 2010.

[148] ZHAI ZHONGWU, LIU BING, XU HUA, et al. Grouping product features using semi-supervised learning with soft-constraints[C]//Proceedings of the 23rd International Conference on Computational Linguistics (COLING-2010), August 23–27, Beijing, China, 2010.

[149] ZHAI Zhongwu, LIU Bing, XU Hua, et al. Constrained lda for grouping product features in opinion mining[C]//PAKDD, 2011.

[150] ZHANG Shu, JIA Wen-Jie, XIA Yingju, et al. Extracting product features and sentiments from chinese customer reviews[C]//LREC, 2010.

[151] YU Jianxing, ZHA Zheng-Jun, WANG Meng,et al. Aspect ranking:Identifying important product aspects from online consumer reviews[C]//ACL, 2011.

[152] YU Jianxing, ZHA Zheng-Jun, WANG Meng, et al. Domain-assisted product aspect hierarchy generation:Towards hierarchical organization of unstructured consumer reviews[C]//Proceedings of the Conference on Empirical Methods on Natural Language Processing, 2011.

[153] ZHANG Lei, LIU Bing. Identifying noun product features that imply opinions[C]//ACL (Short Papers), 2011.

[154] 张军, 于浩, 内野宽治. UGC 中产品评论信息的挖掘 [C]// 内容计算的研究与应用前沿, 第九届全国计算语言学学术会议论文集, 2007.

[155] 王波, 王厚峰. 基于自学习策略的产品特征自动识别 [C]// 内容计算的研究与应用前沿——第九届全国计算语言学学术会议论文集, 2007.

[156] 郝博一, 夏云庆, 郑方. Opinax: 一个有效的产品属性挖掘系统 [C]// 第四届全国信息检索与内容安全学术会议, 2008.

[157] 黄永文. 中文产品评论挖掘关键技术研究 [D]. 重庆: 重庆大学, 2009.

[158] 张鹏, 朱征宇, 李存青, 等. 意见挖掘中产品特征的层次提取方法 [J]. 微处理机,2010(5): 81–85.

[159] 李实, 叶强, 李一军, 等. 中文网络客户评论的产品特征挖掘方法研究 [J]. 管理科学学报, 2009(2): 142–152.

[160] 李实. 中文网络客户评论中的产品特征挖掘方法研究 [D]. 哈尔滨: 哈尔滨工业大学, 2009.

[161] 李实, 叶强, 李一军, 等. 挖掘中文网络客户评论的产品特征及情感倾向 [J]. 计算机应用研究, 2010(8): 3016–3019.

[162] 张姝, 贾文杰, 夏迎炬, 等. 产品属性归类技术研究 [C]// 第六届全国信息检索学术会议, 2010.

[163] 仇光, 郑淼, 张晖, 等. 基于正则化主题建模的隐式产品属性抽取 [J]. 浙江大学

学报 ( 工学版 ), 2011 (2)：288–294.

[164] 杨源 , 林鸿飞 . 基于产品属性的条件句倾向性分析 [J]. 中文信息学报 , 2011.(3)：86–92.

[165] 郝阳 . 基于语义分析的产品评论挖掘技术研究 [D]. 天津：天津大学 , 2010.

[166] PEI J, HAN J, MORTAZAVI-ASL B, et al. Prefixspan:mining sequential patterns efficiently by prefix-projected pattern growth[C]// Proceeding of the 2001 international conference on data engineering (ICDE' 01), Heidelberg, Germany, 2001: 215–224.

[167] AGRAWAL R, SRIKANT R. Fast algorithm for mining association rules[C]// VLDB' 94, 1994.